《千禧之旅》途中。
和余秋雨老师在德黑兰街头。

申奥成功的那一天。
旁边是窦文涛和周星驰。

优雅地变老在章含之身上得到最好地体现。

我对金星说：「我想让你上我的节目」。
金星说：「好的。」
我于是拿起手机记下了她的电话。

我恭恭敬敬地翻阅老板(刘长乐)的新书。

文涛啊，文涛……
同事们一致认为
我看文涛的眼神不对，
分明是含情脉脉。

我和闾丘露薇。

咖啡情缘

我爱三毛

Contents

目　录

Contents
目　录

Contents

目　录

Contents

目　录

序

余秋雨

让鲁豫写一本书，我是鼓励者之一。

1

直到"千禧之旅"出发前在香港我才认识鲁豫的。再见面已在耶路撒冷，她来接上一段的主持人许戈辉。

据说，鲁豫评价戈辉是一枝永远含苞欲放的花骨朵，到了90岁，啪嗒，掉地上了，还没有开放。听这话，鲁豫似乎有一种好汉之气、长者之风。但以我观察，戈辉在枪口林立的尼罗河畔、西奈沙漠、戈兰高地实在不像一枝花骨朵，她不仅每天爬山越岭，完全不怕艰苦，而且每到一处都必须在镜头前言词滔滔，没有任何人为她准备讲稿。讲的都是千年历史和国家政治，居然剀切中肯，毫无障碍。只不过，站在金字塔前，她惶恐了。如此辉煌的历史，因封闭而永久，那么小小的花骨朵，还是合上吧。

鲁豫的出现，我们才明白自己已经晒黑到了什么程度，包括戈辉在内。后来才知，鲁豫的白，与她正病恹恹地感冒着有关，打眼一看，弱不禁风，自己倒像是一枝"花骨朵"，而不应是戈辉。大家可怜她，想找个中国餐馆让她喝口热面汤，一直从耶路撒冷找到特拉维夫，又从特拉维夫找到耶路撒冷，最后勉强找到一家，她却在车上睡着了。在这片枪口森森、爆炸不断的危险之地，这样一个弱女子能为全球华语观众作出一点强悍的报道吗？

全然出乎意料之外，工作现场的鲁豫是另外一个人。摆在她面前的采访目标，拿出任何一个来都会让最有经验的男性记者忙乱一阵，而她，却一路悠然地面对难以形容的约旦河西岸、佩雷斯、拉马丹，勇敢激愤地与伊拉克海关吵架，眼泪汪汪地拥抱在战火中毁家的妇女，企图花钱靠近萨达姆，直到在伊朗一次次与宗教极端主义的行为辩论……她的这些言行，都是个人即兴，绝无事先准备的可能，却总是响亮强烈，如迅雷疾风，让全球华语观众精神一振。这时候的鲁豫，似乎有资格评点眼前的一切，甚至把以色列的退休总理看成是已经掉到地上的花骨朵，把约旦新国王看成是仍然含苞待放的花骨朵，也无妨。

有趣的是，即便如此，她公事一完又成了一个柔弱无用的小女生。一天晚上她穿着浴袍来敲我的门，说淋浴龙头关不上了。崔国贤听到，进门三下两下就关好了。队长郭滢说："我就知道，我就知道！"知道什么呢？好像是说知道鲁豫处处要人照顾。鲁豫约不到萨达姆，就在到处都挂满萨达姆照片的旧货店里买衣服，终于买了一件艳丽的伊斯兰裙子穿在身上。我发现她那裙子有一个香烟烫出来的小洞，这里可能包含着一个故事，不知是美好的还是凄楚的，我想，更多的是后者吧。鲁豫不管，把那个故事晃荡在身上。傻乎乎的样子，让人全然忘了一个小时前或一个小时后镜头前的凌厉言词。

鲁豫有很好的胃口，这一点与我很合得来。伊拉克的吃食过于简陋野朴，伙伴们都不习惯，惟有鲁豫和我特别喜欢那里的大饼，每天塞下一堆，显得彻底蠢俗。其实戈辉的胃口也是惊人，瘦弱美丽的身材，却不知多么喜欢肉食。在希腊时，每顿饭她总是和我合着点，三盘、四盘肉食先上来，假装漫不经心地把空盘一个个移开，有两个脑袋遮掩着，别人就不大注意饕餮真相。然而这种情景也只发生在希腊，到了埃及就没有这份福气了，鲁豫接班后，吃食情况更是一天不如一天，只剩下了单相思的胃口。

2

我在镜头前与鲁豫有过多次对谈，而且都在那些举世公认的尴尬地带，谈一些举世头疼的危险话题。我历来对世界各大文明的历史文化和生态现状非常关注，对这样一些大话题，没想到这个小女子来者不拒，哪个题目都能谈得起来，而且三句两句就深入堂奥。按她的年龄，不可能看过那么多书，我想她主要得力于现场感受能力和对话题的理解能力。到了任何一个地方，她不欢呼，不感叹，不诅咒，只是面无表情地东看西看，也没见她作思考状，就向我走来，那时她脸上已略带笑意，我知道她可以对谈了。接下来，她表现出另一种能力，那就是语言表达的准确和干净。不像很多人，有了感受就会收不住口，越说越乱。与鲁豫对谈都长不了，几句就解决问题，下一段一定跳跃到另一个意思了，如《世说新语》，如禅宗机锋，正是这种感受能力、理解能力和表达能力的组合，鲁豫给人造成了"冰雪聪明"的印象。说"冰雪"真是贴切，鲁豫的谈话中弥漫着一种冷雾。相比之下，在她之前的许戈辉似乎更体贴人意，在她之后的孟广美似乎更热情有趣，而鲁豫则不同，只让自己的理性判断不加多少表情地往前延伸。

但是，这滩冰雪里面还是蕴藏着灼热的，因此鲁豫的可爱也不能仅仅以"聪明"来概括。她在约旦河西岸两个中国外交人员口中听说一个北京姑娘由于一次错误的婚姻在这里陷入深渊,鲁豫说:"你们千万不要让我看见她,我只要一见,一定留下来想多种办法把她抢出去。"我知道她干得出来。在伊拉克儿童医院和防空洞,我看她一次次都因哽咽而难于把采访进行下去。不管是不是在拍摄,只要涉及到战争、制裁、生命的受虐、文化的破坏,她都会一时爆发,全然不是"冰雪聪明"的小女子了。后来我在家里看中国在莫斯科的申奥直播,到公布结果的那一刻,我妻子飞速打开我家27楼的窗子向底下的路人狂喊,喊完回身,却看不见屏幕上一直在主持直播的鲁豫了,下一个镜头才发现,她早已在那里哭成一团,几乎是号啕大哭。我妻子说:这才是鲁豫。

在我后来的一些个人遭遇上,我也常常会听说鲁豫如何仗义执言,例如在长沙演讲事件和反盗版事件上都是如此。她又聪明地让道义回归于常识常理,结果比什么都有力。她轻轻地反问那些认为我不该到某个圣地去演讲的人:"不就是你们邀请他来演讲的吗?"对方哑口无言。

我想这一切,除了鲁豫的个人因素外,还与电视人的行业默契有关。电视是一个通畅的行业,人人有机会充分呈现自己,又必须保持着密切的群体关照,每天面对的都是大事,因此不可能为一些琐碎事端尔虞我诈。这一点,我在与中央电视台合作过程中也有强烈感受。正是这种行业默契所造成的工作状态,令我这个非常熟悉传统文化圈行为规则的人,深感陶醉。

因此,只要有人问我为什么喜欢与电视人一起工作,我总是回答:"我从闷罐子里来到了一个空气清新的窗口,怎么还舍得返回?"即便经常听说这个窗口没有"文化",我也不辩,只把通畅的生存作为第一选择。

9

很长时间没有见到鲁豫了。由于"千禧之旅"受过太多的磨难和危险，因此当时的伙伴不管在哪里见到都要拥抱一番，不管是男是女，也不管身在何处。往往是在大庭广众间伸臂一抱，周围不无惊讶，而我们的心却立即飘忽到中东和南亚，把周围惊讶的眼睛当作了恐怖分子密密层层的枪口。

冷静的鲁豫在这种情况下稍有腼腆，似乎先要为动作铺垫一下，总是先在口里念着："抱一抱，对，这需要抱一抱。"然后再与一个个汉子们拥抱。那天我去北京三里屯的一个酒吧，进门见她坐在吧台前沿喝酒，便笑着站到了她身边。她从来不会惊叫，只是眼睛一亮，拥抱，然后潇洒地用左手指了指她身边的一个男子，又用右手指了指舞池。舞池上，我们共同的朋友刘璐正与另一位朋友孙冕跳舞，她指的意思很明白，至于她左手所指，一定是她的男友了，但她已经用"大音希声"的方式介绍完了，我也就按照过去对谈时的禅宗机锋，不细问，不细看。那夜的话题，一半就是这本书的写作。

谁知没隔多久，那位我没有细看的男子却狠狠地细看了我很久很久。他不是鲁豫的男友，而是丈夫，一位出色的摄像师，担任我主持的电视专题片《潮涌东方》的摄像，不仅长久地盯着我看，而且在不同的灯光和角度下捉摸着我的每一个表情。一个人被这样看了，不交朋友也不成。由此可知，禅宗式的无言一指，真是四两拨千斤。

听那天兴奋在舞池里的刘璐说，今天的鲁豫，早已为了爱情捐弃了咖啡淑女的高雅形态，和她的丈夫一起，喝啤酒、吃猪头肉、嚼花生米、听相声，还在家里挂一面国旗，看世界杯。我大笑，说，鲁豫本来就不拒绝世俗。我一直记得凤凰卫视在推出鲁豫的一个节目时所做的片头，居然是一张黄河下游的老地图。这儿是山东，那儿是河南，茫茫苍苍地连成一片"鲁豫"大地。那张老地图只显棕褐的线条，没有其他颜色，像是代表着那片淳朴的泥土，护卫着自己的小女儿。

鲁豫的名字确实与地名有关。一个现代生命，就这样与大地、与历史连在一起了。文化是什么？是一个当今的女孩子面对着一张历史的老地图出神，然后出走，然后回来。

是为序。

2003 年 6 月 22 日

因英语而改变

• 有一天，真的就是某一天，我突然间对英语开了窍。从此以后，一通百通，英语就这么成了我生活的一部分。至今，我仍然百思不得其解这其中的原因。

• 我成了英语角的小权威，这使我对自己的语言能力深信不疑。

• 高中英语课上，我从来都是老师的最后一道心理防线。

• 冥冥之中有一个声音告诉我，只要去比赛，冠军非我莫属。

2000 年 7 月,《三联生活周刊》做了一篇题为"英语改变人生"的报道,把我归为"英语天生派"。在此之前,我并没有觉得我的生活会因为一门语言而变得精彩。对我来说,语言就是工具,不用的时候它不过是搁置在仓库里的闲物。

从小就被认为有语言天赋

小时候,我生活在北京和上海两地,很自然地就成了"双语儿童",在北京讲普通话,在上海讲上海话。两者语音、语调上的差别和南北方言结构上的不同,都让我觉得游走在两种截然不同的语言之间是一件再自然不过的事。

我爸妈都是学外语的。他们是文革前的大学生,学的是那个年代时髦的语言。我爸学了斯瓦西里语,我妈学了孟加拉语。以现代人的眼光看,他们的专业实在有些生僻。每次向别人介绍斯瓦西里语我总得费番口舌:"斯瓦西里语是非洲的一个语种,主要使用的国家有坦桑尼亚、肯尼亚等,Disney 动画片《狮子王》中的插曲'Hakuna Matata'就是斯瓦西里语,意思是'一切平安'。解释半天,仍然会有人皱着眉头追问你:"什么?稀里哗啦语?"

小的时候听爸妈叽哩咕噜地说外国话,觉得神奇,于是也立下志愿,长大后学外语,每天绕着舌头说话,让谁也听不懂。

我爸很希望我能继承父业。我才上小学一年级，刚刚学会"a-o-e-i-u-ü"，他就问我："要不要学英语？爸爸来教你。"说话的时候，脸上的表情充满期待。

"你？"据我爸回忆，当时我转着眼球撇着嘴，一脸不屑地说："你中学学的是俄语，大学学的是斯瓦西里语，你说的英语有口音。我，要么不学，要学就学最标准的英语。"我小小年纪就敢于藐视权威，这让我爸既感动又很有失落感。

从此以后，他不再提教我英语的事情。

初中一年级，我才开始学 ABCD。

第一个月，我完全找不着感觉。拼写单词的时候，我非得把 26 个字母从头背一遍，才能找到要用的那个字母。

但是，世上真的有奇迹。

有一天，真的就是某一天，我突然间对英语开了窍。从此以后，一通百通，英语就这么成了我生活的一部分。至今，我仍然百思不得其解这其中的原因。

2002 年夏天，我在

爸爸和我

北京采访著名钢琴演奏家鲍蕙荞女士，她也谈到了类似的经历。

鲍蕙荞9岁学琴。别人通常是从单手练起，可不知为什么她的妈妈找了本教材一开始就要求她双手弹琴。入门就这么难，用鲍蕙荞自己的话说就是："第一天，我整个就是搞不清楚。可到了第二天，忽然好像就会了。"

鲍蕙荞回忆这段往事的时候，我不住地点头，心里不断地在说："对啊，我学英语也是这么突然开窍的。"想当年，我嘴里开始咕噜咕噜往外冒外语的时候，自己都觉得不可思议。

初一暑假，我回到了上海。当时，人民公园有个英语角，一到礼拜天就吸引很多英语爱好者去那里练习口语。整整一个假期，每个周末我都由姑姑带着，从浦东坐车，再坐船过黄浦江去参加英语角的活动。

英语角是露天的，就在公园里一条没什么游人光顾的小路边。路面窄窄的，铺着石板，路边有几棵小树，勉勉强强能遮挡一些夏日的阳光。

英语角每次都聚集一、二百人，大家来自各行各业，有老师、工人、机关干部和在校大学生。不过，没人在意身份、地位、年龄，在英语角，惟一的衡量标准就是英语，谁的口语最好，谁就引人注目，而且可以占据小树下树荫浓密的地方，其余的人会自发地围成一个圆圈。

我的出现，在英语角引起了不小的轰动。

那时我13岁，身高1.50米，梳着马尾辫，身穿花布连衣裙，怎么看都是个小孩。可我不怯场，大方地用"流利"的英语向身边每一个人做自我介绍：

"我叫陈鲁豫，是北京师大实验中学初一学生。我们学校是北京市著名的重点中学。我的爸爸妈妈在中国国际广播电台工作……"

一传十，十传百，很快，我的周围聚满了人，大家都想和这个英语讲得很棒的小孩聊上几句。小时候我是个人来疯，人越多越精神。看到那么多大人都专注地听我用英语侃侃而谈，真有些洋洋自得。

其实，我那时的英语水平很低，一共就会那么几十个单词、三五个句型。之所以不厌其烦地向每一个人自我介绍，是因为我翻来覆去就会那几句话。好在去英语角的都是初学者，成年人大多爱面子，怕说错不敢张嘴，于是成就了我，让我脱颖而出，成了英语角的"小权威"。

从此以后，我对自己的语言能力深信不疑。

我身后就是英语角

英语老师最后的心理防线

高中英语课上，我从来都是老师的最后一道心理防线。一个问题，全班如果都答不上来，老师势必会把目光转向我。这时，我会知趣地举起手，说出老师想听到的答案。我知道，如果我也答错，老师一定精神崩溃。

高一英语第一课是"卡尔·马克思"，课后老师留的作业是背书。可我居然就给忘了，也不知为什么，那一次，全班同学都忘了。

第二天上课，教室气氛凝重。当第三个同学站在那吭吭哧哧背不出来，老师的脸已经阴得快下雨了。我低着头，心里砰砰乱跳。

老师走到了我这一组，她沉着脸，用手指在第一个同学的桌面上敲了敲："你！背第一段！"

我的心已经提到了嗓子眼："怎么办？老师没准盯上我们组了，可我也没背啊！"

我定了定神，把书翻开，假装漫不经心地瞟着书本，脑子里却在飞快地记忆着课文里的内容。

果然，老师盯准了我们小组。

谢天谢地，我虽然个不高，但视力好，所以坐在最后一排，是第7个。这样，前边6个同学为我争取到了宝贵的几分钟时间。

"陈鲁豫，你来背！"老师终于叫出了我的名字，声音里是掩饰不住的期待和信赖。这时，我们组已经全军覆没。

全班同学都看着我，只要我能背出课文，他们就得救了。

我慢慢地站起来，又慢慢地合上书，之所以慢，是因为我的嘴里还在念念有词地背着最后一句。之后，我咳嗽了一下，开始背书。

我相信，人在巨大的压力下，会有超水平的发挥，那天的我，是在为荣誉而战。

我从头到尾一字不差地背完了整篇课文，我故作镇静地坐下。

教室里安静极了。

老师飞快地转过身，低声说了一句："下面，我们学习第二课。"

从她的背影，我似乎看到了她脸上的微笑。全班同学都长出了一口气！

我兴奋得不行，对自己崇拜极了。

第一次看没有配音、没有中文字幕的英文原版电影是初中二年级，在政协礼堂，看的是美国影片《情暖童心》。电影的英文原名我忘了，只记得女主角是《鸽子号》的主演 Debray Raffin（黛博拉·拉芬）和当时很红的少女明星 Diane Lane（她后来沉寂了 10 年，直到 2003 年才重获影坛认可，赢得当年奥斯卡最佳女配角提名，可惜输给了美艳无双的 Catherine Zeta Jones。）影片讲了一个女教师鼓励残疾女孩战胜病魔，热爱生命的故事。电影很一般，即使在外国影片还很少的 1983 年，它的情节也不够吸引人。想想

蔡文美教授在为我们讲解（右一为我）

看，一个圣母般的老师和一个自闭忧郁的少女，这样的人物组合怎么能产生爱情、阴谋、危机、幽默诸种好莱坞大片必备的元素呢？不过，就是这么一部沉闷的电影，还是把我看傻了："原来，外国人是这么说英语的！"

看完电影回到家，我闷闷不乐。

"怎么了，电影看得懂吗？"爸爸问我。

"连蒙带猜就听懂百分之二十。"学了一年多英语，我竟然连外国人在说什么都听不明白，这对我的打击太大了。

我开始重新审视我的英文教科书，这一看，发现了问题。原来，我学的都是所谓 Chinglish——中国味的英语。随便翻开一页，就会看到这样的对话：

"Kate, where are you going?"（凯特，你去哪？）

"Tom, I'm going to the No.4 Middle School."（汤姆，我去第四中学。）

2000 年，我在美国盐湖城碰到一个热爱中国文化的摩门教老太太，她是个中学老师，退休后一直刻苦学习中文，已经学了好几年，可中文还是差得让人无法听懂。一翻她的中文课本，我乐了，这分明和我的中学英语书如出一辙嘛。她磕磕巴巴地念了几句：

"李明，你的铅笔是在哪儿买的？"

"小王，我的铅笔是在第一人民铅笔商店买的。"

老太太念完，好奇地问我："Do you buy your pensils at the No.1 Peopole's Pensil Store?"（你也去第一人民铅笔商店买铅笔吗？）

这倒把我问愣了，我想反正跟她也说不明白，不如开个玩笑，于是特认真地说："是啊，我们都去那儿买。"

美国老太太容易较真，不知道她是不是至今都认为中国人买铅笔都去第一人民铅笔商店。

11 个外教教过我

整个 80 年代，在北京的外国人不多，和老外聊天练习口语的机会很少。好在从高中到大学，一共有 11 个外教(外国老师的简称)教过我。他们对我语言能力的提高帮助不小。

现在想想，他们的资历是否适合教中国未来的主人翁挺值得怀疑，不少人的英语还带有浓重的地方口音。好在我的意志比较坚定，在英语发音上没有受到不良影响。

这让我想起我爸给我讲的一件事情——也许其中有演义成分。

六十年代，中国派出专家、技术工人远赴非洲，帮助坦桑尼亚修铁路。因为朝夕相处，当地的非洲工人学了不少中国话。最有意思的是，他们的中文有着浓郁的山东口音。原来，中国派出的专家大多来自胶东半岛。据说，直到今天，在遥远的东非还有一群操流利山东话的非洲兄弟。

我高二那年，班里来了个外教，是个又高又胖的美国小伙子，看样子比我们大不了几岁。他的名字很有意思，叫 John Smith。当年没觉得什么，多年后去了美国，才听朋友们开玩笑说，美国男人带女孩去酒店开房间又不想被人知道，多半会留 John Smith 这个名字。这就像中国人叫李华、刘明什么的，因为太常见，所以怎么听都像是化名。

John 冬天总穿一件中国的军大衣，不管多冷，永远敞着怀。我们猜他是太胖了系不上扣，所以成天感冒，上课的时候常常旁若无人地大声擤鼻涕，惊天动地的架势弄得我们十分尴尬，想笑又不敢笑。

John 的课讲得怎么样我早已忘记。但是，他却让我知道了外国人在生活中是如何讲英语的。

James 是我大学时的外教。美国人，20 多岁，退伍军人。据我们猜测，他参军并非出于爱国，而是因为退役后可以免费上大学。尽管当兵历史不长，而且生长在和平时期，或许根本没上过前线，恐怕连枪都没摸过，可当兵生活却是他跟我们吹牛时最好的谈资。平常也老爱穿美式军靴和迷彩服，酷暑天都捂得严严实实。

James 其实是个文学青年。他面色苍白，身材瘦小，眼神忧郁，外形条件绝对够格当个伤感诗人。他也一心想当作家，上课之余，就窝在广院的外教宿舍里写小说。可能是投稿屡试不中，他苦于没有读者，于是利用给我们上写作课的机会大念他的作品。

一开始我们还能听得下去，虽然根本听不懂，可大家并不说什么。他却沉迷其中，念一段便要求我们谈感想。我们就故做沉思状，静默一会后，大家抬起目光迷离的双眼，纷纷表示："太感人了、太震撼了、太诗意了！"这时候，James 苍白的脸上会泛起红晕。

James 以为在中国找到了知音，这让他快乐无比。我们不忍打击他，于是分头去背赞美别人的英文形容词。时间一长，意尽词穷，可 James 还在天天念他的作品。

我们全班愁得不行，既不想伤害 James，更不愿浪费时间。没办法，最后只能找班主任去诉苦。

这一招果然有效。James 不再开作品朗诵会，但是他的热情受到了伤害，他和我们疏远了。

有一天，我们听说 James 和一个中国女孩谈起了恋爱，这使我们全班大为兴奋。

James 变得开朗了。爱情也使他变得宽容，他不再记恨我们。

我们正为 James 高兴着，却传来了他失恋的消息。

James 请了一天的病假，第二天来上课时，他满脸浓密的络腮胡须吓了我们一跳。

这以后，James 的胡子成了他恋爱生活的晴雨表：

刮了胡子意味着两情相悦，留着胡子则表示两人刚刚分了第101次手。

James 的爱情分分合合，他的胡子也就去去留留。我还从没见过像他这样的人，胡子生长的速度飞快，一夜之间，就能从刘备变成张飞。

公平客观地说，James 在广院两年的时间，并不是只谈恋爱、写小说，从他身上，我们学到了不少有用的东西。

一次，James 留的作业是写一篇"有喜剧效果的文章"。我们全班都采用了编译的方式，把相声、笑话翻成英文。第二天的讲评课上，全班笑声不断。

班长代卫星写的是马三立的相声，说的是有小贩卖祖传秘方专治蚊虫叮咬，有人买了秘方，打开一层又一层包装，发现药方上写着两个字，"挠挠"。代卫星的文章是这样结尾的：

"The man unfolded the piece of paper and saw only one word：'SCRATCH'！"（那个人打开纸条，见纸条上只写着两个字——"挠挠"。）

我们全班 20 个人笑得东倒西歪，可 James 的脸色却越来越难看。他狠狠地盯着我们，一字一句大声地问："Have you come across any problems?"（谁能告诉我这篇文章有什么问题？）

我们面面相觑，根本不知道他为什么发火。这篇文章有什么问题呢？语言流畅，文笔生动，绝对是篇范文。

James 看我们都不说话，突然转过身，在黑板上用力写了几个大大的字母：PLAGIARISM。

plagiarism 是剽窃的意思，这下我们更糊涂了。

"There is no difference between plagiarism and stealing things."（剽窃和偷东西没区别。）James 面色铁青，气得直发抖，"这些文章不是你们创作的，是你们抄袭别人的作品，这就是剽窃。"

我觉得很委屈，忍不住要替大家也替自己辩护："We were drawing on stories that are common knowledge in China. The language is our own. We wrote every word ourselves.（我们根本就没剽窃，我们只是用了一些大家都知道的故事，可文字是我们自己创作的，这些文章都是我们自己写的。"）

James 看都不看我，他扯着嗓子咆哮道："你们现在上的是写作课，不是翻译课！什么叫写作？从思想到文字都必须是自己原创的！而且，你们引用了别人的作品，却没有注明出处，这是侵犯了别人的知识产权。这一次作业，你们全都给我重写！"

从此以后，我牢牢记住了知识产权几个字。

我在私底下是个散散漫漫、不拘小节的人，但有一点值得称道，就是绝对不买盗版产品。每次我在香港的 HMV 和 TOWER RECORDS 花高价买正版 CD、DVD 的时候，总觉得自己一身正气，悲壮极了。这时，我就会想起 James。

大学时，我还遇到过一位变态的外教。不是因为种族歧视或者性别歧视，但她碰巧是个美国黑人老太太。因为身体肥胖，她走路的时候一喘一喘的，教室的地也跟着一颤一颤的。

老太太每天早上 6 点起床锻炼。说是锻炼，其实就是围着操场跑道走路。有一天老太太走高兴了，在班上宣布，以后每天早上全班要派一个同学上门接她，然后陪她一起跑步，边跑边练习口语。

严冬时分，6 点钟天还黑着呢，又冷。老太太可不怕，她胖，几步路走下来就大汗淋漓，却苦了我们这些陪跑的，一个个冻得哆里哆嗦，哪还顾得上说英语啊，嘴都冻木了。

一个星期下来，全班怨声载道。

更让我们无法接受的是她的讲课方式。

一个问题如果有 A、B 两个答案供选择，老太太就要求我们举手表决：

"认为 A 是正确的同学请举手。好，一共是 15 个同学。全班 20 个人，15 个过半数了，所以 A 是正确的。"

这样的教学方式匪夷所思。

中国人讲究敬老爱幼，因此我们忍了大半个学期。

后来了解到，老太太以前在美国专教智障人士。

难怪她天天让我们举手表决呢，看来是多年养成的教学习惯，把我们也当智障人士一样教了。

我们造反了。跑到系里去闹，要求换人。

事情传到了老太太耳朵里，她表面上不露声色，可心里恨透了我们。于是用考试整治我们。

有一天上课，老太太捧着一叠试卷一扭一扭走进教室，脸上带着诡异的笑容：

"We're going to have a test today, and it's going to be counted as part of the final exam."（今天，我们有个小测验，这

可是期末考试的一部分。)

说话时，老太太扬着下巴，眼睛斜斜地瞟着我们，她心里一定在想：

"小兔崽子们，别以为你们能斗得过我！"

老太太有所不知，中国大学生都是久经考场，哪在乎一次小测验啊。可没想到，她使出了杀手锏。20分钟不到，她就尖着嗓子大叫："时间到了！"

我们全不理会，还是低头答卷。

她生气了，用胖胖的手指敲着黑板："Stop writing！Time is up！I'm leaving！"（停笔！时间到！我要走了！）

不少同学害怕了，不情愿地交了只答完一半的考卷。老太太又看了我们一眼，昂首挺胸地走了。

不久，系里解聘了她。全班同学欢天喜地。

但美国老太太可不一般，她居然跑到朝阳法院告系里违约，要求赔偿。朝阳法院派了工作人员到我们班收集证据，面对组织上的人，我们大吐苦水，几乎变成声讨"美帝国主义"的大会。

几天后，老太太回了美国。案子不了了之。

英语为我打开了一扇门

英语没有改变我的命运，但它的确为我打开了一扇门。

1991年冬天，我在《北京晚报》上看到"北京市申办2000年奥运会英语演讲比赛"的广告，心里竟然有一种非常奇怪的志在必得的感觉，好像冥冥之中有一个声音在对我说，只要我去比赛，冠军非我莫属。最吸引我的是广告内容的最后一段：决赛由北京电视台转播。这短短的一行字让我心驰神往。

　　90 年代初，我最欣赏的电视主播是蔚华，她是我们广院外语系国际新闻专业的师姐。第一次在电视上看到蔚华，我知道了什么叫英雄气短。

　　那时候的我，真真是不知天高地厚。表面上还能做出一副谦虚谨慎的样子，心里却始终认为，我的英文是最棒的。

　　直到蔚华的出现。

　　那是一个星期六的晚上，我从广院回家过周末。晚饭后，拿着电视遥控器频繁换台。突然，我的手停住了。电视上出现了一个特别洋气的女主持人。短发，蓬蓬松松，露出一张轮廓清晰的脸。一件宽松的西装，衬着大大的垫肩，浑身上下洋溢着说不出的美。

　　洋气，是我在那个时期给人的最高褒奖。它包含了容貌、气质和一种风情。蔚华并不是那种传统意义上的漂亮，但她的大气、干练、职业感和那份无可言喻的国际化令我心仪。更要命的是她的英文，好得无懈可击。

　　我心里有一种近乎绝望的感觉。

　　"这不是蔚华吗？她是我们国际台英语部的。"我爸也凑到电视机前。

　　我知道自己内心的波澜所谓何来了。

　　如果我只是从广播里听到她的声音，我的震动不会那么大。但电视不仅有声音，更有图像。从蔚华开始，我对电视产生了兴趣。我想像她一样，做一个英语新闻主播。

　　1991 年冬天，当我看到英语演讲比赛的广告，我在心里对自己说："这也许是实现目标的第一步吧。"

　　第二天是星期天，吃过午饭我就拉着男朋友陪我去北京外语学院报名。晚上回到宿舍，我对谁也没说。我有点迷信，总觉得说了就不灵了。

比赛内容挺简单，以奥林匹克为题写一篇文章，然后朗诵出来。

我写的是 1990 年，北京亚运会我在软式网球组委会担任翻译的经历和感受，表达了北京人、中国人对奥林匹克运动的期盼。文章的开始是我的得意之笔：

We see the fire in the sky

We feel the beating of our hearts together

This is our time to rise above

We know the chance is here to live forever

for all time

Hand in hand we stand

all across the land

We can make this world a better place in which to live

Hand in hand we can

start to understand

breaking down the walls that come between us

for all time

这是 1988 年汉城奥运会主题歌《心手相连》，我以此作为开篇，自己觉得妙不可言。

比赛分为预赛、初赛、复赛和决赛。按年龄和专业分组，我参加的是竞争最激烈的在校大学生英语专业组。

预赛、初赛都是在北外举行的。那一阵，我的男朋友在电视台实习，没工夫陪我。我不认路，离开他，简直是两眼一抹黑。我一个人一路从东郊定福庄问到西边，这对别人不算什么，对于我却是个奇迹。

因为参赛人数太多，预赛、初赛时，考官们只是听听选手基本的语音语调。我还没有念完《Hand in hand》（《心手相连》）的歌词，主考老师就微笑着打断了我："You speak really good English. Where did you learn it?"（好极了，你是在哪学的英语？）

我立刻明白，我过了，而且是考官最满意的学生。

复赛时选手们都在场，终于领教了彼此的实力。当北外的一个男生激情澎湃地朗诵起马丁·路德·金的"I have a dream"（我有一个梦），我后悔得直掐自己："这么棒的创意，我怎么就没有想到呢？"

我正在心里呼天抢地的时候，一个漂亮的长发女孩走上台来，用漂亮的英语说到："I have a dream."（我有一个梦。）

这下，我不慌了。大家都有梦，我偏偏不做梦。'

我连过三关之后，接到了参加决赛的通知。决赛一共 10 名选手，除我之外，其余 9 人全部是北外的学生。我一下子就踏实了。我是少数分子，属于弱势群体，输了也光荣。

我心情平静地去参加决赛。

决赛的评委中有我最敬重的胡文仲老师。胡先生从来没教过我，但我始终认为他是我的英文启蒙老师。是他让我领略到英语的魅力。

胡文仲先生是北京外国语大学的著名教授，八十年代初期，他曾为中央电视台主持一档由 BBC 制作的趣味英语教学栏目《Follow Me》（跟我学）。节目播出时，我是一个连 ABCD 都背不出的小学生，可这丝毫不影响我每天准时收看《跟我学》的兴致。胡先生的讲解生动形象，他不说语法，只简单明了地告诉你正确的表达方式。于是，我从一开始就认为，学习语言是一件轻

英语比赛决赛现场。

松、愉快的事。

决赛好像是在中国剧院举行的。

那天，北京电视台的转播车就停在大门口。我早早化好妆，一个人悄悄地溜到后台，站在一个没人的角落，静静地看着电视台的工作人员忙忙碌碌地架机器、调灯光。一个导演模样的年轻女人拿着步话机，威严地站在舞台中央，冲着台下的人比比划划布置工作。

我屏住呼吸，惊喜交织地看着这一切，自己在心里一遍又一遍大声地说："I want to be part of this."（我也要成为其中的一份子）。

那一天，就在剧场的大幕后面，我第一次清晰地意识到，我属于电视。

决赛的时刻到了。我穿着一件淡粉色膨体纱毛衣，腰间绣着孔雀图案。脸上的妆现在想来有点可怕，我搽了鲜红的唇膏、眼睛贴了又长又重的假睫毛。头发和现在的差不多，只是前面的刘海剪得齐刷刷的。

比赛结果，我获得了第一名。领奖的时候，我看见坐在台下的外教 James，他带着全班同学来给我打气。一听见我拿到了冠军，James 从座位上一跃而起，在那里又叫又跳。记得，我冲他不好意思地吐了吐舌头。

冠军的奖品是一台巨大的电动打字机。我居然一个人挤公共汽车把它扛回了家。

爸爸从来不当面表扬我。那天，他只是微笑着用手摸了摸打字机，想了半天，终于说："可你还不会打字呀！"

另类 = 和别人不一样 = 容易被记住

演讲比赛之后，我的生活又恢复了原样。但直觉告诉我，有什么事情将要发生。

1992 年 3 月的一天，班主任通知我去系办公室。

办公室里坐着系主任裘国英老师和两个陌生男子。裘老师说："这两位是来挑节目主持人的。"

我心里兴奋得怦怦乱跳，脸上却始终是一副矜持的表情。

"我们是中国民航机上节目的编导，正在筹拍一个旅游节目，名叫《空中博览》，准备要去世界各地拍外景，所以对主持人的外语能力要求很高。"两个男的，一胖一瘦。胖的开始介绍节目的拍摄计划，那个瘦子不住地打量我。

我有些沮丧，还以为是电视台的呢。不过，坐飞机周游世界也着实令我心动。

我表示对节目有兴趣，裘老师更是说了不少夸奖我的话。

那两个人一直点头微笑，然后客气地留下名片便告辞了。

我是一个极其敏感的人。我知道，他们是慕名而来，失望而归。早就听说广院外语系有个女生得了英语演讲比赛的第一名，估计是个可造之才。没想到，亲眼一见，却是个毫不起眼的黄毛丫头。

平心而论，实在不能责怪民航的同志不是伯乐。要怪，就怪我当年完全没有半点千里马的风采。已经3月份了，我还穿着臃肿的羽绒服。清汤挂面的头发，胖乎乎的脸，被风吹得红扑扑的。那副样子，任凭想像力再丰富，也不可能把气质、明星魅力这些词和我联系上。

虽然觉得自己的外形不够靓丽，可我还是暗暗希望民航的导演能选上我。直到今天，也没有得到民航的回复。

现在，我常常坐国航的班机。每次机上播放《空中博览》，我总会边看边孩子气地想："当初他们没选我，如今一定在家后悔得拿头撞墙呢。"

我很容易受伤，但从来不会被打倒。很快地，我就将国航的事抛到了脑后。

那一阵，我像中了邪一样在准备考托福。每天除了上课、睡觉、吃饭，就是背单词、做托福试题。我刚刚失恋，于是一心想要出国留学，想马上离开这个伤心之地。至于要去哪、学什么，完全不知道。我只是一味地要走，电视，被我完全搁置了。

天气渐渐地暖和了。4月的一个星期六，班主任通知我，王纪言院长要我下午去电视系演播室试镜，中央台导演要来挑主持人。

我的心又有些活动了。

吃过午饭，我照例跑到教室去做托福习题。我喜欢做托福习题，一做就上瘾，一上瘾，就忘记时间。等我赶到演播室，其余试镜的播音系女生已经到了。我找了个不起眼的位子坐下，心里还琢磨着没做完的题目。

时间一分一秒地过去，我几乎想溜走了。我最讨厌和别人争一件事情。这种时候，我会变得很不自信。

这时，王院长带着一群人呼啦啦走了进来。其中一个大胡子男人我好像在哪儿见过，看他的样子，想必是导演。

"这位是中央台文艺部的张晓海导演，今天来咱们学校是为中央台一个新的栏目挑主持人。"院长指着大胡子冲我们介绍。

"这些都是播音系88、89级的学生，哦，还有一个88级外语系同学，陈鲁豫。"院长在演播室里找了一圈，终于发现了坐在最后一排的我。"她刚获得了北京市申办2000年奥运会英语演讲比赛的冠军。"院长叉着腰站在屋子中央，另一只手远远地指向我。于是整个演播室里三十几个人的目光唰一下都转向我，我窘得不知如何是好。

张晓海只是对我扫了一眼，没有任何表示。

试镜开始了。每一位候选人要做一段现场采访，被访者就是张晓海，采访内容不限，可以把张晓海假设成任何一个人。

这下子，我的兴趣来了。采访是我大学的专业课啊，尤其是那些外教，几年来，给我们成套地灌输了西方式的采访技巧：第一个问题是关键，要让对方明白，你对他很了解；问题要尖锐、要抓住对方回答中的漏洞穷追不舍……这些理论，今天终于有了用武之地。

播音系的女孩一个个上场了。她们声音圆润、吐字清晰，几乎每个人都有着修长的身材和飘逸的长发。和她们相比，我显得太另类了。我的另类并不是酷，而是指我的外表没有一样符合传统美的标准。

张晓海在《艺苑风景线》拍摄现场跟我讲拍摄要求。

不过,这反而让我信心十足。因为,我的逻辑是:另类 = 和别人不一样 = 容易被记住。

所有的同学都考完了。从张晓海礼貌的表情就可以看出,没有惊喜。

该我出场了,我拿着麦克风对张晓海说:"我就采访你。"

"行!"张晓海老实地点点头,但眼神里却有一丝不易觉察的不耐烦。毕竟,他已经站了两个多小时。

对张晓海我并不了解,只知道他是中央台文艺部最有潜质的年轻导演之一,广院毕业,仅此而已。但我隐约记得中央台文艺部还有两个大胡子导演:赵安、张子扬,也颇有名气。于是,我的第一个问题就从大胡子开始:

"为什么文艺部的导演都留大胡子?你、赵安、张子扬。"

张晓海愣了一下,我紧接着提出了问题的关键:"你们3个人是中央台最年轻有为的导演,你们之间的竞争厉害吗?"

后来，张晓海多次提到我对他"恶狠狠"的采访，说我的问题一个比一个尖锐，逼得他没处躲没处藏。

如今，我已经采访了许多人，我知道，温和、宽容远比咄咄逼人要有力得多。可我一直很欣赏自己当年对晓海的提问，那是真正的锋芒毕露、畅快淋漓。

感谢晓海，不仅没有"恼羞成怒"，还能不计前嫌，从众多靓丽的广院女生里选中我来主持《艺苑风景线》。

从此以后，我和电视结下了不解之缘。

我 的 大 学

• 终于没有了数理化的欺压，每天一堂接一堂的全是我喜欢的英文课，我开始感受到学习的快乐。

• 校园爱情很单纯。

• 院长指着自我感觉极好的男生说："哎，一点胸毛都没有，就别敞着了。"

1998 年，我回到母校北京广播学院和外语系的学弟学妹们见面。同学们早早地挤满了当年我们上大课用的阶梯教室，黑板上写着几个大大的粉笔字：欢迎鲁豫回家。当掌声响起的时候，我内心的感动和感慨无法言说。

一个女生代表全系向我表示欢迎，她的致辞让我恍如隔世："10 年前，鲁豫也在这间教室上过课。"

"欢迎鲁豫回家"（我回到母校北京广播学院和学弟学妹们见面）。

我心里咯噔一下，10年了吗?我从没想过时间已经过去了这么久。一直以来，我的内心还保持着一份学生情怀，而且始终像个大学新生，心里怯生生的，对一切充满好奇和敬畏。

一开始我就没有退路

1988年入学时，我们外语系人丁并不兴旺，只有国际新闻一个专业，一个年级又只有一个班，每班20人。

作为新生，我对高年级同学很是羡慕，觉得他们成熟、漂亮、能干。平时，总能看到他们背个包，风风火火地在广院门口伸手招一辆十块钱的小面，忙着往电视台跑。我常盯着他们的身影发呆，恨不得自己也能像他们一样，在电视界大显身手。

我眼巴巴地盼着大学第一年早早过去，系里再来些新生，也能够尝尝高年级面对低年级时，那种关怀、自信又略带傲气的感觉。

等啊等，等来的结果却是1989年外语系不招生。眼看着其他系的88级学生终于修成正果，抬头挺胸地做起了老资格的师哥师姐，我心里颇有些失落。无奈，在外语系，我们班还是年级最低的班级。就这样，大学二年级了，我还像个新生似的，每天怯怯地去食堂吃饭、去水房打水。

大三开始了，外语系终于迎来了90级新生。可我，很长时间里还是找不到高年级学生的感觉。

一天中午，我一个人静静地坐在食堂吃饭。一个高大漂亮的女生坐到了我的旁边，我抬头看了她一眼，含着满口饭菜勉强抿了抿嘴算是打招呼。她，大大方方地冲我一笑，用一听就知道是播音系学生的悦耳嗓音亲切地问我:

和广院
外语系
老师合
影。

　　"你，是哪个年级的啊？"

　　"88 的。"我伸了伸脖子吞下了嘴里的饭，声音小得像蚊子。

　　漂亮女生半张着的嘴一下子合上了，她开始埋头吃饭。

　　"请问，你是哪个年级的？"我鼓起勇气问她，心里其实很清楚，她一定是 87 级的，要不然怎么能有那么自然又老练的神情呢？我练了两年多了，还没练成呢。

　　谁想，她的声音低了八度："我，是 89 的。"

　　我感觉自己的背一下子挺直了。从此以后，我终于没有了新生的羞涩和胆怯。

　　我从来都不是刻苦的学生，从小学到大学，一路都是晃晃悠悠的。高三就算比较认真了，也远没到头悬梁锥刺骨的地步。倒是进了广院，我的学习热情空前高涨起来。终于没有了数理化的欺压，每天一堂接一堂的全是我喜欢的英文课，我开始感受到了学习的快乐。

我突然变得刻苦，还有一个原因。

我的父母都是北京广播学院六十年代的毕业生，外语系不少老师都认识他们，个别老教授当年也给他们上过课。所以，我入学的第一个星期，几乎每一门课的老师在说完开场白之后，都要问一句："你们当中，哪位同学是陈鲁豫？"

我总是乖乖地举起手。

老师们会仔仔细细地打量我一番，然后说："我认识你的爸爸、妈妈。"

这句话在我听来意味深长，我的解读是："你爸妈当年成绩都不错，不知你的表现怎么样？"

所以我一开始就没有退路，只有努力地 live up to their expectations.（不让别人失望。）

其实，我的高考分数在全班 20 人里是比较低的。但是，老师们从开学第一天就格外关注我，一方面是因为我父母的原因，另一方面，是由于我在面试时，口语表现优异，老师们觉得我是可造之才。

这下好了，内因外因都决定，我必须做个成绩优异的学生，否则老师们失望不算，我爸妈脸上也无光。

于是，在广院宽松、自由的校园里，我成了个整日埋头读书的乖学生。

在广院，外语系的学生非常好辨认。

任何时间，你要是在校园里看见一个学生，一手抱一本厚厚的

Webster(韦氏)字典，腋下夹一张过期的 China Daily(中国日报)，另一只手还在耳边举着一个小小的短波收音机，收音机刺刺嚓嚓地放着不清楚的 Voice of America(美国之音)或 BBC 的英文报道，不用问，肯定是外语系的学生。

八十年代末，九十年代初，我们没有 Internet，看不到原版英文电影，更没钱买英文报纸杂志，就连人手一本的 Oxford(牛津)、Longman(朗文)、Webster(韦氏)字典也只买得起翻版的。虽然那会还没有知识产权、正版、盗版这些概念，可我总觉得花二三十块钱买一本原价二三百元的字典是有点问题。当然，两种字典有着天壤之别，正版很轻，我们用的翻版字迹模糊而且死沉死沉的。

那时候，外语系的学生自我感觉非常好。招生时都听说了，国际新闻专业之所以要上 5 年，是因为除了文化课，我们还要接受小到开车、大到开飞机的训练，将来好胜任驻外记者的工作。要学的东西这么多，4 年时间不够用。

开学第一天，我们班就不住地催老师："什么时候安排我们开飞机啊?是战斗机吗?"

我们宿舍的关娟娟现在是国际广播电台一名出色的记者，曾经在以色列那么危险的地方驻站整整两年。当年，她只是个娇滴滴的南方女孩。大家一聊天，发现她连自行车都不会骑，于是狠狠地挤兑了她一下。

"这有什么，"关娟娟撇撇嘴，"我将来是要直接开车、开飞机的，自行车，谁稀罕骑啊?"

时间过去了一年又一年，等到毕业时，我们才醒过闷来，互相追着打听："开车、开飞机的谣言是谁造的?"

只是苦了关娟娟，一直巴巴地等着，恐怕至今也不会骑车吧。

除了外语系，播音系的学生也很好认，听声音就行了。

早上7点开始，宿舍楼附近的小路上、操场上，到处能听到播音系学生在字正腔圆地练习播音。每次从他们身边经过，我都误以为自己听到的是中央人民广播电台的广播。这让我骄傲极了，觉得广院是个与众不同的学校，我的同学们个个才华横溢。

在食堂排队买饭的时候，我曾经听到两个播音系男生之间的一段对话：

学生甲(嗓音嘹亮，字正腔圆)指着笸箩里的馒头："师傅，来一个馒头。"

身后学生乙(声音浑厚，明显带有胸腔的共鸣)探身关心地问："一个馒头够吃吗？"

学生甲转身："我还要二两粥。"

这段话干着念没什么意思，你想象用播音员的声音一板一眼地播出来会是种什么样的感觉。

咱们会被处分吗？

广院的学生很少有不谈恋爱的，我当然不例外。

校园爱情很单纯，无外乎男生在女生宿舍楼下眼巴巴地等着女朋友下来，然后两人手拉手一起去食堂、去图书馆。万一吵架了，操场恐怕是最佳去处。400米长的跑道，一圈圈去走吧。第一圈女孩还眼泪汪汪的呢，走第二圈多半就雨过天晴了。

一天中午，吃过午饭，我和男朋友(现在是老公了)溜溜达达在校园里散步。走到一片核桃林前，他突然停下来，用手拍拍我的脑袋："你先回宿舍吧，我去教室拿点东西。"

就在这时，我突然听到身后一声大喝："大白天的，你们俩在校园里干什么呢？"

我和他同时转身，发现是学院的一位领导，正怒目圆睁地盯着我俩。

"我们怎么了？"他纳闷地问院领导，声音里的不耐烦我是听出来了。

我心里忽悠一下，他该不会是没认出院领导吧。

"你们是哪个系的？在校园里拉拉扯扯像什么样子？"院领导的声音更大了。

我的头嗡地一下，天哪，拉拉扯扯，这在我听来和校园里贴出的"某某和某某在宿舍被当场抓住"的处分布告一样可怕呀。我的脑海里立刻出现了声名狼藉、名誉扫地这些词。

不时有学生从我们身边经过，都会好奇地看上两眼，这更让我羞愧难当。

"你凭什么出言不逊、血口喷人？"他平常语言朴实，说的都是大白话，没想到被逼急了，反倒出口成章。

"你这个学生，是什么态度？走，跟我到保卫处去！"领导怒不可遏。

"别说了。"我吓坏了，想伸手去拽他，又怕院领导再给我们罪加一等，只能作罢。

"你先走吧。我跟他去保卫处，非把这事查个水落石出。"他知道我胆子小，所以一个劲赶我走，一副大义凛然的样子。

我那天真不够意思，竟然丢下他仓皇而逃。

下午两堂课我一点都没听进去，心里总在嘀咕，学校该贴布告处分我们了吧。

我终于明白，为什么会有那么多屈打成招的冤假错案。我就是个例子，原本坦坦荡荡的什么坏事也没做，被老师一吓唬就觉得自己真犯了生活作风错误。

"你知道那人是谁吗？"一下课，就见他笑嘻嘻地站在教室门口等我。

"会怎么处分咱们俩？"我又忘了男女授受不亲，一把抓住了他的手。

"没事，到了保卫处我才知道那是院领导，于是赶快承认错误，领导还算宽宏大量，挥挥手就让我上课去了。"

我惊喜交加地看着他，一种劫后重逢的幸福感油然而生。

管学生，广院老师有一套行之有效的方法

广院外语系 88 级国际新闻专业全班同学。（后排右 3 是我）

我们广院的学生天性大多自由奔放又略带散漫，这样的学生如果一板一眼地严格管理，效果未必好。广院老师可是有一套行之有效的方法。

有一阵，学生食堂浪费食物现象很严重，教务处于是召集全院在礼堂开会。我在口袋里塞了本琼瑶小说准备去会场消磨时光，反正老师准会讲一堆"谁知盘中餐，粒粒皆辛苦"之类的老生常谈。

可是，老师竟饱含深情地念了一封学生家长致院领导的信，其中一段大意如下：

"我是一个农民，只念过小学。如今，我的儿子有机会接受大学教育，我会尽自己最大的能力在经济上保证他完成学业。我们家庭经济条件不好，在他入学前，为了凑够路费，我去医院卖了一次血。我给领导写这封信，就是希望你们严格管理我的孩子，让他知道，父母抚养他不容易，他要争气。"

这封信念完，全场鸦雀无声。这以后相当长的一段时间，食堂的垃圾桶里真的再也看不见整个整个的馒头了。可信也带来了后遗症，整整一个学期，周末一回家，我就悄悄地观察我爸，怎么看怎么觉得他刚刚卖过血。偏偏我爸肤色白，这让我更加坚信，他每个月给我的零花钱都是他卖血换来的。

这让我痛不欲生。

暑假一到，我就找了份家庭教师的工作，每周两次，每次一小时，时薪5块钱。一个假期下来，我赚了差不多100块钱，心里总算好过了些。就算我爸还要卖血，也可以少卖些了。

广院就是这么不动声色地教育着我。

王纪言是凤凰卫视的副总裁，中文台台长，我在校时是广院的副院长。他对学生的管理风格就是外松内紧型，属于不留痕迹，聊着聊着就把你管得服服帖帖的。他为人极随和，可是再吊儿郎当的男生在他面前都是挺胸收腹的。

有一年夏天，广院校园里男生流行光膀子穿一件衬衫，从领口到前胸全都敞着，只在肚脐上方勉勉强强地系个扣子。

一天，一大帮人就这么晃着肩膀在学校里走，自我感觉很好。晃着晃着，迎面碰上了院长。

院长脸上笑笑的，指指其中一个男生，用一种推心置腹的语气说："哎，一点胸毛都没有，就别敞着了。"

男生们立刻无言以对，从此，天再热，喉结下的钮扣都扣得严严实实的。

我上学时，广院的名气不像现在这么大。

我的同事梁冬考上广院后兴奋地带上录取通知书去看望小学时候的班主任。听说自己当年最得意的学生要离开广州到北京读大学，老师非常欣慰，欣慰之余也不忘谆谆教导：

"要好好学习啊，去北京念书是多少人的梦想啊，是北大吧？"

"不，是北京广播学院。"

老师不说话了，沉吟半晌，才语重心长地说："有个学上总是好的，就算是电大也不要紧。"

这两年，不少高校改了名字，凡是叫学院的都改做大学，为的是跟国际接轨。我听说广院也在酝酿着一个新的名字。

我在写这本书的时候，有一天晚上在北京台的一个节目里看到广院毕业生在唱校歌，那熟悉的旋律立即让我热泪盈眶。

"校园里道路两旁，有一排年轻的白杨
早晨你披着彩霞，傍晚你吻着夕阳。
啊，年轻的白杨，吸取着大地的营养
啊，年轻的白杨，树叶沙沙响。
年轻的白杨，你好像对我讲，要珍惜春光，珍惜春光！"
谢谢母校，给了我五年美好难忘的大学时光。

毕业进行曲

• 我面临两种目标选择，要么做专业主持人，要么做国际新闻记者。

• 托福考了 644 分，但对我这个几乎靠英语吃饭的人来说似乎低了些。

1992 年是我人生发生重大转折的一年。

这一年，我获得"北京市申办 2000 年奥运会英语讲演比赛"第一名，被中央电视台选中主持《艺苑风景线》，还参加了托福考试。

托福考完了，出国的事却放在了一边

一下子有太多的事情发生，我单纯的大学生活变得热闹非凡，可一向清晰的学业目标却变得模糊了。

电视的魅力太大，它的出现打乱了我所有的计划。

原本一心要出国留学的，为此花费了一个月的时间准备托福考试，可 5 月份一到《艺苑风景线》剧组开始了拍摄前的筹备。开策划会，找词曲作者创作栏目的主题曲，这些事和我并没关系，但我还是天天往剧组跑。在校园里生活了 10 年，现在我的眼前突然展开了一个全新的世界，这令我兴奋不已，把托福彻底丢在了一边。

考试的日子一天天临近，可我满脑子想的都是电视，根本无心恋战。导演张晓海倒是很支持我去考托福，他劝我："好好考，考完了出国念书吧。"

我听了以后既感动又困惑："他一定觉得我做主持人没什么前途才这么说的吧？"

我的心已经野了，根本没心思再做托福习题。不过报名费已经交了二三十美金，不去考试是个浪费。我决定随便考它一次算给自己一个交代。

考场设在语言学院。考试那天，我手里拿着根用卷笔刀削出的2B铅笔就去了。再看看别的考生，每个人都握着满满一把铅笔，不禁有些后悔："既然来考试，总该像个考试的样子。"托福考试的规定是把选择题的正确答案涂黑，不到5分钟，我就画秃了铅笔，只能举手向老师求救。因为心不在焉，我没能拿到满分。虽说644分的成绩还不错，对我这个几乎靠英语吃饭的人来说似乎低了些。

托福考完了，我总算对自己的留学梦想有了交代，出国的事就彻底放在了一边。

现在，我的生活还面临两种可能：要么做专业主持人，要么做国际新闻记者，我始终举棋不定。

当时，《艺苑风景线》开播没多久。虽然各方的评价不错，但观众只是觉得我的风格挺清新活泼的，并没有把我当成一个潜质的主持人来看。我呢，对自己的信心也不大。

毕业实习开始了，我选择了中央电视台英语新闻。我觉得那是最理想的地方，既能发挥英语所长，又可以出镜主持节目，两不耽误。

实习生活并不像我想象的那么精彩

不过，实习生活并不像我想象的那么精彩。

因为是学生，我不可能出图像，每天的工作就是翻译、编辑和配音。按理说，能在中央台实习，对任何一个尚未走出大学校门的人来说，都是幸运的。可我那时刚涉足电视圈，最热衷于跟着剧组到外地出差。人呢，见了些小小的世面，心浮得不得了，每天下午要我安安静静地坐着翻译稿子，我已无法忍受。

实习生的工作量特别小，每天的任务就是从《新闻联播》中选一条国内新闻，翻成英文，自己配音就可以了。配音是我喜欢干的事。实习的两个月当中，每天晚上不管多晚，我都坚持收看英语新闻，为的是听听自己的英语配音，尤其是最后的结束语：Chen Luyu for CCTV News.（中央电视台陈鲁豫报道）很有成就感。

实习工作并不紧张，也不复杂，可我，还是常常出错。

每次配音之前，我都要按规定从磁带库把《新闻联播》的母带借来，复制一版，再把声音录在复制版上。按说，转录过程再简单不过，而且我在广院也正式上过几堂电视编辑课，还正儿八经地在编辑机上演练过。可一到实际中，我才发现，自己操作机器的能力几乎为零。

第一次转录，我就把母带洗了。我至今也没搞明白，我怎么就会把母带洗了呢?

我吓傻了,以为洗掉了《新闻联播》惟一的播出带。这还得了,晚上7点到7点半,全国人民看什么?想来想去,只有坦白从宽这一条出路,我于是哭着跑去找主任承认错误。

主任是个50多岁、身材高大、戴黑框眼镜的儒雅男士。他当领导多年,想必见惯了像我这样笨手笨脚的实习生,于是叹了口气,无可奈何地说:"以后小心点吧。"又连忙找了个老同志带我去磁带库拿带子。

我立刻破涕为笑:"主任,原来《新闻联播》不是只有一盘带子啊?"

实习结束了,同学们都在忙着联系工作,写论文。我对毕业分配并不在意,倒是写论文已经迫在眉睫了。我的论文题目是"论采访技巧"。

那时我主持《艺苑风景线》已有大半年的时间,采访了不少演艺界、文化界的人士。我在论文中描述了自己如何运用新闻采访课上学到的技巧深入被访者的工作、生活和内心世界。我记得论文中写到了对约翰·丹佛的采访。

1992年John Denver在北京首体开演唱会。九十年代,北京的歌坛是港台歌星的天下,丹佛的号召力远远不能和刘德华、黎明相比。可我是听着《乡村路带我回家》长大的那一代中国年轻人,看到丹佛还是觉得很震撼。

演唱会结束后,我在后台采访了约翰·丹佛。一口气唱了两个小时,他的脸上身上全是汗,白衬衫湿漉漉地贴在胸口。那是我第一次做电视采访,被访者又是个外国人,我正好可以把大学5年老师教的新闻理论用上。我用力板着脸,生怕丹佛看出我的激动和紧张,故作老成地问了第一个问题:

"中国国家领导人邓小平访美时你曾为他演唱，你来过中国3次了，这回是你的第四次中国之行。此次行程对你的意义重大，因为你第一次登上了首体的舞台。请问，你有什么感想？"

现在看来，这个问题提得刻板生硬。但让我骄傲的是，当年的我，真是初生牛犊不怕虎，而且活学活用书本知识。老师在课堂上讲过，提问时要加进一些也许和问题无关的被访者的背景资料，这样一来，被访者会知道你事先做足了功课，于是才会打起精神，认真对待你的每一个问题。

"果然，约翰·丹佛一下变得健谈了。"我在论文里不露痕迹地夸奖了自己。

当时我真觉得挺美的，以为采访战略成功，后来才明白，美国人多半都是话痨。

我在家里憋了几个星期，终于写完了几十页的英语论文。那时还没有家用电脑，几万字的论文我是用打字机一个个字母敲出来的。

我们班的论文指导教师是 Mary，外语系聘请的外教，一个身材矮小的美国老太太，精力旺盛，极其较真。

我当时因为经常要去拍外景，早就不住学校了。写论文也是一个人闷在家里，从没去请教过 Mary，也没觉得有什么不妥，更没想到会因此得罪 Mary。

论文答辩那天，我的主课老师王伟教授和 Mary 一起担任考官。答辩并不复杂，王老师和 Mary，根据每个人的论文内容提问，时间 20 分钟左右。

当我走进考场，Mary 正和前一位同学有说有笑地道别，一看见我，她的脸立刻绷了起来。我还没坐稳，Mary 劈头盖脸就问：

我为《艺苑风景线》采访嘉宾。不知为什么嘴张得那么大。

"你们全班同学在写论文的时候都来请教过我，只有你没来，为什么？"

我一下蒙了，张口结舌不知该如何回答。

Mary 等了一会儿，看我没有要道歉的意思，怒不可遏地站了起来，头也不回地走出了教室。

王伟老师处变不惊，独自一人开始了对我的考核。10 分钟后，Mary 又回来了。她大概意识到了自己的失态，竟然变得满面春风，好像什么也没发生过似的问了我一个又一个刁钻的问题。

这下我踏实了，只要不是人身攻击，再难的问题我也不怕。

又过了 10 分钟，王伟老师终于笑眯眯地说："Well done."（干得不错。）

我长出了一口气。

我的大学生活，就这样结束了。

直到领取毕业证书那天，我还是无业游民

当时，我对自己的主持生涯并不抱信心，但对中央台充满向往。只要能进中央台，哪怕什么节目也不做，我的虚荣心也会得到极大的满足。

终于，文艺部邹主任给了我一张表格，要我填写后交到人事部。我大喜过望，以为自己进中央台的事已经是板上钉钉了。我仔仔细细填了表，恭恭敬敬地交到人事部，可事情就再也没有了下文。

到了领毕业证书那天，我还是"无业游民"。同班同学分别去了中国日报、国际广播电台、文化部等国家机构，每个人都兴高采烈。

我也挺高兴的。没去中央台是很遗憾，可是，能以自由人的身份主持中央台的节目也不错，将来万一变动工作也方便。惟一让我心烦的是，我必须找到一个接收单位，否则，我只能以待业青年的身份把档案转到街道。当时我的观念挺古板，做自由职业者可以，当街道待业青年可不行。称谓对我很重要。于是，我把档案放进了海淀人才交流中心。这下好了，我是人才，而不是无业人士了。

办好手续，我把身份证、毕业证书、户口本一股脑塞进背包，包就那么大大咧咧地扔进了自行车车把前的铁筐里，之后，心情愉快地骑车回家。骑到真武庙二条，我把车停靠在马路边，两脚点着地，一手扶把一手从报摊上拿起一份报纸，等我再转头过来要拿包取钱时，却发现我的包已经不见了。小偷简直神了，两秒

钟之内竟从我的眼皮底下偷走了我的包。

我连忙骑车到月坛派出所报案，民警很热情，可听说我钱包里只有50块钱，就遗憾地表示：数目太少，不能立案。我赶忙炫耀地说："我的包里还有一个价值3000多元的中文呼机。"

民警一听，高兴地说："那足够了，可以立案！"

第二天，我拍完节目回到家，竟然看见我失窃的黑皮包就放在桌上。

原来，小偷拿走钱包里仅有的50块钱和呼机后，把皮包扔在了复兴门立交桥边的草地上。有行人捡到，从包里翻出我的身份证和通讯录，辗转将包交到了我爸爸手上。

我翻了翻包，户口本等重要的文件都在，这才长出一口气，心里对那个盗亦有道的小偷充满了感激之情。

现在想想，我大学毕业后没能进入中央电视台，责任都在自己。我没向任何人表示过对中央台的渴望，总不能希望别人上赶着用八抬大轿请我去吧！

一直到现在，我都没有彻底改掉被动的性格。

当毕业分配的忙乱过去之后，我全身心地投入了《艺苑风景线》的拍摄工作。它是我当时惟一的阵地，也将是我未来事业的奠基石。

我没有和剧组签约，也没有讨价还价地谈过我的报酬。我乖乖地拿着每集300元的劳务费，觉得挺好。毕业前，我只能拿到每集150元，剧组解释说因为我还是个学生，所以报酬减半。我当时对这个解释不太满意，觉得有点欺负人，但也没太往心里去。如今一毕业，工资竟翻了一番，当然很高兴。可仔细一想，《艺苑风景线》每两周一集，这意味着我一个月的收入只有600元。我想跟剧组说，钱太少了，但怎么都张不开嘴，最后也就算了。好在我刚走出校门，生活方式和在学校时没什么差别，吃盒饭、搭公共汽车也花不了多少钱。我很快就忘记了对待遇的不满，开开心心地过起了自食其力的生活。

1993 年底开始，我的情绪变得相当低落。工作失去了挑战性，情感也没有着落，我感到生活失去了方向。平心而论，《艺苑风景线》在当时的口碑相当不错，虽然播出时间比较晚，但它一直

全身心投入《艺苑风景线》的拍摄。

有着相对稳定的观众群。

2002 年 6 月，我去内蒙采访草原英雄小姐妹龙梅和玉荣。龙梅的丈夫老张一见面就对我说："当年老看你主持的《艺苑风景线》。"

节目本身没有问题，但它没有办法提供我所需要的舞台。我感受到自己体内蕴藏着力量，但我找不到释放它的场所，这让我痛苦不堪。

不知从什么时候开始，工作环境也变得不再单纯。面对这么多难题，我没有能力解决，只有眼不见心不烦一走了之。

1994 年，我参加了 GRE 考试，年底到了西雅图。

记者"生涯"

• 石部长接受我的采访很爽快。

• 在一片白衣阿拉伯男子中间，有一个身披鲜艳的粉色围巾的中国女性，阿卜杜拉想不看都不行。

• 真主啊！原谅我，我一生都没干过这么招遥的事情。

写下这个题目，感觉底气不足。记者不好做，比做主持人难，要有拳打脚踢的不凡身手。正因为如此，我才大着胆子把自己有限的几次采访经历称之为记者生涯。

记者"生涯"第一回合

1999 年奥克兰 APEC 峰会期间，正是中国"入世"双边会谈的关键时刻。那次，我也是采访会议的记者之一。

在奥克兰，最受各国记者关注的，除了参加峰会的各经济体领袖，当属中国外经贸部部长石广生和美国贸易谈判首席代表巴尔舍夫斯基（Charlene Barshefsky）了。香港无线、亚视、有线和凤凰的采访小组暗中较劲，你今天拍到了钱其琛，我明天就到饭店门口去堵奥尔布莱特，每天通过卫星传送回香港总部的消息总得有一条是自己的独家新闻。

我很佩服香港同行抢新闻的方法：一个记者举着话筒，和摄像一大早就来到代表团下榻的酒店，守株待兔，反正你早晚是要出门的。只要大人物一露面，立刻叫一声"总统"、"主席"或"部长"。领导人面对传媒，态度总是热情有礼，时间再紧，也不忘走上来同记者寒暄两句，回答一两个问题。这一来，新闻就有了。

我不具备香港同行的耐心和执著，我怕麻烦，做事喜欢直来直去。

我知道中国代表团下榻的酒店，于是，一个电话打到总机："Hello，Mr. Shi Guangsheng please."（你好，请帮我转石广生先生的房间。）

当时不过是抱着姑且一试的心情，人家不给转也没什么。偏偏那个接线员连嗑巴都没打："Just a moment,please."（请稍等。）电话竟然接通了。

这一来，我倒不知如何是好了，正犹豫着，电话那头响起了一个浑厚的男中音"喂?"

"喂，你好!"我声音颤抖而且满头是汗，"我找石广生部长，我……"

"我就是。"石部长语气温和，没有一丝的不耐烦。

"石部长，您好，我是凤凰卫视陈鲁豫，我想采访您。"我坐在酒店房间的地毯上，背靠着床，电话听筒紧紧地攥在手里，脸涨得通红。

"这两天还不行，我正和巴尔舍夫斯基谈判呢。后天吧，后天谈判结束后，晚上我接受你的访问。"石部长非常爽快。

放下电话，我一转身趴在床边，浑身瘫软。

长这么大，我还从未如此大胆、主动过。这让我觉得不可思议。

我趴了几分钟，又伸手去够电话。我尝到了甜头，想趁热打铁，如法炮制地搞定巴尔舍夫斯基。

"Hello，Can you connect me to Ms. Barshefsky please."（请帮我转巴尔舍夫斯基女士的房间。）这次我的底气就足多了。

"对不起，酒店没有这个客人。"我的那个 Please 还没说完，接线生就硬邦邦地打断了我。

"那不可能啊！美国代表团就住在你们酒店，你能再查一下吗？她的名字是 Charlene Barshefsky，C-h-a-r-l-e-n-e，B-a-r-s-h-e-f-s-k-y。"我不甘心，一个个字母给她拼写巴尔舍夫斯基的名字。

"对不起，的确没有这个人。"这回语气略微和缓了些，可那一脸的警惕我隔着老长的电话线都看得一清二楚。没准，酒店总机室里还坐着几个 FBI 的探员呢。

我失望地挂上电话，心里恨恨地想："美国人真是老奸巨猾！"

两天后的晚上，我如约采访了石广生部长。

至于巴尔舍夫斯基，还是让她跑了。

记者生涯第一回合，一胜一负，成绩尚可。

"帮我写个条子，递给首相"

在安曼 Arwad 饭店的大堂，我见到了陪同我们的约旦导游。

阿卜杜拉驾到之前，市政大厅外，已人头攒动。

他看上去 60 出头，个子不高，圆滚滚、肉乎乎的大鼻头架着副老花镜，脸上老是堆着谦和的微笑，是个招人喜欢的老头。

我和他简单寒暄了几句就直奔主题："我想采访你们的阿卜杜拉国王，你能安排吗?"

导游的嘴一下张得老大，半天说不出话来。也难怪他，如果，有个外国电视摄制组来北京，一见北京导游张口就说："我想采访你们的胡锦涛总书记，你帮着联系联系。"导游一定认为这人有病。这次，我成了约旦导游眼中的"病人"。

那是 1999 年 11 月发生在"千禧之旅"旅途上的事情。

接下来的几天，不论是在首都安曼，还是去古城佩特拉，我一有工夫就跟导游嘀咕阿卜杜拉的事。好脾气的导游算是服了我，他决定和我同舟共济，找约旦新闻部，攻下采访国王这道难关。

离开约旦的前两天，大清早我就被导游的电话吵醒，听筒里，能看到他绽开的笑脸。"Luyu, His Majesty will go to Jerash to attend a local meeting tomorrow. We might be able to meet him there."（鲁豫，国王陛下明天要去杰拉什开地方会议，我们也许可以在那采访他。）

有一分的希望也要做一万分的努力，我们决定到杰拉什去碰碰运气。

第二天清晨，我们"千禧之旅"车队开着全部 5 辆吉普车浩浩荡荡前往杰拉什。之所以全体出动，是想在当地引起轰动，或许国王陛下听说有一个中国电视摄制组正在当地采访，一高兴，就接受我的采访了。

已经是 11 月份，可白天的气温还是很高。临出发前，想到觐见国王时也许要包头巾，我不惧怕酷热地在颈部围了块粉色的大披肩。

杰拉什是约旦重要的城市，可在中国人看来，它的规模顶多算个小县城。市中心的马路两边盖着像是黄土质地的两层小楼，马路尽头用铁栅栏围起来的一个院子，就是市政大厅，简简单单的一个白色建筑。

　　我们到达杰拉什时，市政大厅外的街道上已经三步一岗五步一

我问阿卜杜拉，为了节约时间，能否站着采访他。阿卜杜拉表示同意。

哨了。但约旦人似乎并不怕警察，仍然站在路边，等待一睹国王的风采。年轻人干脆爬到树上，或是蹲在两层楼房的房顶，那场面就像中国农村来了唱大戏的，十里八乡的老百姓都赶来过戏瘾一样，热闹、混乱。约旦警察脾气温和，站在旁边笑眯眯地看着，也没人去维持秩序。

　　导游不知和哪个部门打了招呼，我们摄制组被允许进入会场拍

摄。他一再强调，我们是迄今为止，惟一一个被批准拍摄国王开会的外国电视媒体，言外之意，他功不可没。我很不以为意，谁要拍你开会啊，采访阿卜杜拉才是正事。导游又是一脸慈祥地微笑："鲁豫，你放心，一切都安排好了。"

当国王的车队一进入人们的视线，一向平和有礼的约旦老百姓变得疯狂了。男男女女都尖叫着扑向阿卜杜拉的车子，站在国王御驾外面的皇家保镖一手扒住车门，一手拼命推挡企图爬上车子的民众，场面完全失控。

当国王的车子终于驶进大铁门时，一个中年妇女飞身扑了进来，重重地摔倒在院内的泥地上。她的双手还直直地向外平伸着，嘴里高声喊叫着什么。铁门被匆匆地关上，阿卜杜拉由一群侍卫簇拥着快步走进大厅。而那个约旦妇人已经被警察押走了。

我一直站在院内，目瞪口呆地看着这一切，很是兴奋。内地、香港的歌迷见到自己心仪的偶像时，场面比这疯狂多了，所以我并不紧张。倒是我的同事摄像袁白，脑子里阶级斗争的弦绷得比我紧："这约旦保安的工作也太差了，要是被坏人钻了空子可怎么办？"

走进会场，我傻眼了。

我以为，国王开会的地方起码也该铺一块波斯地毯，围上一圈软软的沙发吧。可我眼前是光秃秃的水泥地，摆着折叠椅，连舞台都没有，主席台处是一张长条桌，铺着白色的桌布，惟一象样的是桌子后面正中央的地方有一把高背靠椅包着深红色丝绒，想必是国王的御座。

会场里满满当当地坐了两三百人，百分之九十九是男性，一律身穿白色阿拉伯长袍，头上缠着白头巾。为数不多的几个当地妇女都是在长裙外套一件西装，这好像是标准的约西合璧的打扮。

我们摄制组只有摄像袁白一人被允许站在离主席台几步远的地方拍摄，其余人员，包括我，只能远远地坐在大厅的最后一排。

国王终于进场了。屋子里响起了掌声和欢呼声。

会议由首相主持，一屋子的人热情洋溢地讨论着要不要在杰拉什建一条公路、盖一所小学。我什么也听不懂，却乐得煞有介事地跟大伙一块拍手、点头。

我当然不会忘了今天的大事，隔一会儿就问问身边的导游："会完了，能采访国王吗？"

导游只顾着和同胞一起激动地高呼万岁，根本没工夫搭理我。我开始坐不住了："这么一大帮人，该不会白跑一趟吧？"

其实，按我的个性，采访不到就算了呗。可这次不同，我们千里迢迢来到约旦，如今国王就在眼前，采访不到也太冤了。

我弯腰从地上拿了块摄像机的备用电池，站起来，整了整身上的粉色披肩，对一旁的警察说："我们的电池快用完了，我能拿一块新的过去吗？"

警察看了看我，一挥手，同意了。

袁白看到我有些吃惊，我赶紧低声说："假装换电池，越磨蹭越好。"

也没时间解释更多了，但袁白很明戏，就一直低头鼓捣摄像机，让人觉得换电池真是件麻烦事。

我站在袁白身边，离阿卜杜拉很近。在一片白衣阿拉伯男子中间，有一个身披鲜艳的粉色围巾的中国女性，阿卜杜拉想不看都不行。我又故意围着袁白转了好几圈，好像是在帮忙，但眼睛一直盯着阿卜杜拉。我真恨自己，没有一手过硬的眉目传情的技术，要不然，眼睛里飕飕地放出勾人的小箭，让国王陛下巴不得立刻跟我唠唠家常。

阿卜杜拉说："欢迎你到约旦来。"

真主啊，原谅我，我一生还没干过这么招遥的事呢！

阿卜杜拉始终没有看我，但我知道，他好奇坏了，这些中国人怎么会在这儿？

我冲袁白坏笑了一下，拿着换下来的电池，在众目睽睽之下，慢悠悠地走回了自己的座位。

导游此时只会呆呆地看着我，我拍拍他的肩膀，用不容置疑的口吻说："帮我写个条子，递给首相，就说我们是凤凰卫视，从中国来的，想采访国王陛下。"

10分钟后，导游兴冲冲地跑回来对我说："首相同意了，但只给你5分钟。"

"没问题！"我嘴上答应着，心里却在暗喜："到了我手里，就由不得你们了。"

会议结束后，几百名与会者排着队依次和阿卜杜拉握手告别，我和"千禧之旅"的同事们也挤进了这个队伍。当阿卜杜拉看到我，他微笑着说了一句："Welcome to Jordan."（欢迎你到约旦来。）

阿卜杜拉的亲民风范令人感动，他耐心地和所有人握过手之后，才由同父异母的弟弟哈姆扎护卫着进入一间小会客室，接受我的采访。

为了节约时间，我希望站着做访问，但怕怠慢了国王，于是征求他的意见。阿卜杜拉很随和，他耸了耸肩："无所谓，既然我们已经站着了，那就站着吧，省事。"

我对阿卜杜拉的采访从5分钟变成了10分钟又变成了20分钟，半小时过去了，我能感到哈姆扎的手止不住地要去摸腰里别着的手枪。于是决定，到此为止，要不然，御林军真该急了。

我刚一示意采访结束，大家呼啦啦都围了上来，要和国王合影留念。

参加"千禧之旅"全程报道的北京青年报记者赵维忙不迭地把一架数码相机使劲往一个矮矮胖胖的约旦人手里塞，意思是："师傅，劳您大驾帮我和你们国王拍张照片。"谁知那约旦人沉着脸把手一缩，相机掉到了地上，咣啷一下，赵维也不在意，捡起相机先帮我拍照。一阵忙乱之后，我们送走了国王一行，我才幸灾乐祸地问赵维："你知道刚才不愿帮你拍照的人是谁吗？"

"谁啊？"赵维一脸的迷茫。

"约旦首相。"我在一旁乐得直不起腰。

早 班 车

• 老板微笑着说的话，我永远都记得："鲁豫说新闻的风格将在中国电视史上占有自己的位置"。

能不用稿子，把新闻说出来吗？

有一天，院长在他的办公室里问我："公司准备开一档清晨的新闻节目，你来做，好不好？"

那是 1998 年年初，我正在活蹦乱跳地主持《音乐无限》。

院长的话让我愣了一下。我本能地想拒绝："开玩笑！大清早那么不好的时间给我，我才不做呢。"

可我还是动心了。沉默过后，我说："让我考虑几天。"

那一段时间，我一直在考虑转型的事情。做娱乐节目实在和我的性格、兴趣相差太远。要我每天介绍刘德华、黎明的歌有多好听，对我是一种折磨。

"不如，去做新闻吧。"我对自己说。

"可是，新闻节目有什么好做的呢？不就是别人写的稿子，你照着念就完了吗？这有什么意思？"我常常想象当我遇到难以选择的事情，我的脑海里会有两个小人打架。如今，这样的情形真的出现了。

我苦着脸去找文涛："你得帮我出出主意。"

正是傍晚时分，我和文涛坐在黄埔花园的大排档里，四周一片嘈杂。

"你说，我能不用稿子，把新闻说出来吗？"我鼓起勇气，把自己近乎疯狂的想法告诉了文涛。

"当然可以啊！"文涛专心致志地看着菜单，回答得有些心不在焉。

"可是，万一我说不下去了，没词了，怎么办？"

"慢慢说呗！就像你现在和我聊天一样，也没有稿子，不是说得挺好的吗?再说,咱们哪一次直播是有稿子的呢?"文涛一边说一边招手叫过服务员,抓紧时间点了菜。

"那不一样啊!直播的时候通常是咱们两个人,都处于平常自然的说话状态,说错了也很容易纠正,不会觉得尴尬。做新闻可不一样。"

"有什么不一样的。你跟观众聊不就得了。"文涛点了根烟,深深地吸了一口,眼睛滴溜溜地四下乱转。

"那,观众不烦啊?万一我说得啰嗦了怎么办?"

"语言精练点,你绝对没问题。"饭菜上来了,文涛不再理我,低头忙着喝汤。

我夹着一筷子芥蓝愣在那,心里突然有一种起跑前的兴奋和恐惧。

第二天,我对院长说:"好,我做。"语气很是悲壮。

3月31日晚上,老板在尖沙咀一家韩国料理店请内地来的同事吃饭,庆祝凤凰中文台成立两周年。大家忙着烤肉、倒酒、吹牛,热热闹闹地像是在过节。

可我一点胃口也没有,身体在不停地发抖。第二天一大早,《凤凰早班车》就要和观众见面了,也许,我的主持人生涯也将就此终结。

饭桌上没人注意到我的异样。

我不停地看表,如坐针毡。9点钟,我终于忍不住了:"各位,我先走一步了,明天早晨4点就得起床!"

同事们于是七嘴八舌地和我告别:

"祝你明天好运!"

"别紧张!"

"开玩笑,她怎么会紧张呢!"

......

走出餐厅，我站在人来人往的马路边上发呆。晚上 9 点的香港，夜生活才刚刚开始。可我，从此就要和这缤纷喧哗的夜晚告别了。

回到家，我怎么也睡不着，翻来覆去一直到凌晨 1 点钟才迷迷糊糊地合上眼。

被闹钟吵醒的那一刻，我真的连上吊的心都有。

凌晨 4 点的香港一片寂静。

我机械地起床、穿衣、洗漱，始终低垂着双眼，不敢看镜子。刚刚睡醒的脸总是惨不忍睹，更何况没睡醒呢？

刷牙时，我还是偷偷地瞟了一眼镜子，我的样子果然可怕。

4：30，我走出家门，外面仍是一片漆黑。公司离我住的地方很近，慢悠悠地晃过去也不过 5 分钟。凌晨时分的街道在路灯的映射下显得格外静谧，真没想到，香港还有这么沉静的时刻。平常熙来攘往的人行道上此刻只能听到我的皮鞋踩出的咔咔声，一股淡淡的海腥味从不远处的维多利亚港湾飘过来，我深深地吸了一口微凉潮湿的空气，心境渐渐地平静下来。

来到公司，眼前热闹的景象吓了我一跳。

演播室的门开着，技术人员进进出出地正忙着调灯光、查线路。毕竟是《凤凰早班车》的首播，大家心里都没底。

我有点紧张了。

直播前的一个星期，我曾经和《早班车》的工作人员一起演练过两次。结果是一塌糊涂。

我的老板有一个很好的创意：香港每天有十几份早报，内容丰富、及时，可以补充早间电视新闻报道的不足，又能为各地观众尤其是内地观众提供一个了解香港的窗口，建议在《早班车》里

此时此刻的我，眼睛盯着报纸，手里记着笔记，耳朵听着新闻。
每天 5：00 到 6：00，我先这样被新闻狂轰滥炸，7：00 到 8：00
我再用新闻对观众狂轰滥炸。

引用报纸内容。于是，如何在电视上"读报"就成了我演练时的重点。

第一次演练前，我跑到报摊对摊主说："把每种报纸都给我来一份。"

到了办公室，我把所有的报纸摊在桌子上，才发现精明过人的报贩子把《朝日新闻》、韩国、菲律宾报纸一股脑都卖给了我。

两个小时后，我恍恍惚惚地从报纸堆里抬起头来，突然意识到，我看得太过投入，完全忘了看报纸的目的是为了"读报纸"。

第一次演练，以我对着镜头张口结舌而告终。

第二次演练前，我一再告诫自己：报纸别看得太入迷，忘了自己该干什么。

这一回，我吸取了前车之鉴，拿出了记忆力好这个杀手锏，把每一家报纸上的头版新闻都背了下来。可是，导播急了："鲁豫，你念一份报纸就用了5分钟，我们整个节目的时长只有半个小时啊。"

"怎么办，我完全找不着在没有稿子的情况下，说新闻的感觉。"这就是4月1日凌晨4点35分，我看见公司里忙忙碌碌的直播景象时，内心惶恐。

我恨不得临阵脱逃。

不过，害怕归害怕，我知道，到了真正直播的时候，一切都会好起来。

7：15分，我走进了演播室。

从化妆间到演播室，要经过一条窄窄的走廊，50多米，还有个拐弯。平时，我总是连跑带颠地，常常和从另一个方向拐过来的同事撞个满怀。可今天，我迈着四平八稳的台步慢慢地朝演播室走去，连头都不敢晃一下，生怕动一动就把刚刚记住的新闻忘掉。

直播马上就要开始了，我站在摄像机前，嘴里还在念念有词。

这时，老板和院长走了进来，两个高大魁梧的身影在我面前一站，小小的不到20平方米的演播室显得更狭窄了。

他们俩你一言我一语地给我做战前动员：

"别紧张！""没问题！"

我已经进入了直播状态，对周围的一切都视若无睹。看见老板和院长，也没什么反应，仍然呆呆地在那自言自语，像个精神病患者。

7∶30分，《凤凰早班车》准时开播。

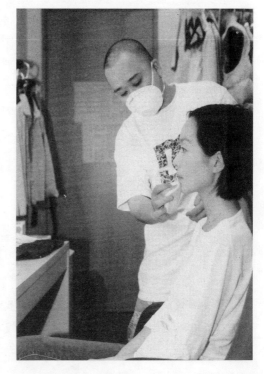

Santos 在给我化妆。

半小时后，直播结束了。老板立刻召集所有主创人员开会。

我先去化妆间换了衣服，才端着咖啡杯一溜小跑地冲进了会议室。我急不可耐地想听到别人对我第一天直播的评价。

推开会议室的门，我的眼睛立刻被明亮的光线晃得闭了起来。早晨8点钟的阳光正穿过会议室的落地玻璃窗，暖暖地照在每一个角落。

原来，天，早已在我忙碌之间，悄悄地亮了。

老板微笑着看看大家，说了三句话，我永远都记得："《早班车》很成功！鲁豫说新闻的风格将在中国电视史上占有自己的位置。鲁豫，就这么做！"

开完会回到家，我在客厅里站了5分钟，一动不动。

我突然觉得后怕："如果刚才的直播我做砸了，可怎么办？"

这么一想，几天来的压力、焦虑、睡眠不足一下子全反映出来了。我站在屋子中央，放声大哭。

等情绪平复下来，我走进洗手间开始卸妆。我一边抽抽噎噎地擦着哭花的双眼，一边喃喃自语："我做成了。"

这一来，眼泪又哗哗地流了下来。

这个女孩好奇怪

在香港，每一座公寓大楼的大堂都坐着一个保安。说是保安，却多是些年过半百的香港大爷，真不知道凭他们的体格怎么能保居民的平安。不过，我倒挺喜欢我们楼那些大爷。他们态度友善，看见我大包小包地回来总是热情地帮我开门。但我从不和他们聊天，因为大爷们都听不懂普通话，我又不肯入乡随俗，一句广东话也不会。于是，我和大爷们只能用点头，微笑进行沟通。

保安大爷平常大概只看粤语影片，所以并不知道我是做什么的，在大爷眼里，我是一个经常出差的大陆女孩，没准是空姐吧！

我开始做早班车了。第一天凌晨4∶30大爷见到我端着咖啡杯，睡眼惺忪地走出电梯时，吃惊得甚至来不及冲我微笑了。我呢，那么早起床，人又紧张，根本没心情和他打招呼，只是直眉瞪眼地晃出了大楼。

第一天的直播很成功。八点半钟，我带着焕然一新的心情回家了。在大门口见到上早班的大爷，我咧开嘴冲他乐着，又破天荒地用广东话说"早安！"

大爷看见我，样子有些吃惊。我突然意识到，我还没卸妆呢，和平日里素面朝天的样子大概有些距离。我倒没多想，乐呵呵地进了电梯。

早班车顺利地开通了，我也过起了和别人的日程表截然不同的生活。保安大爷们开始觉得奇怪，这个女孩突然不出差了，每天早晨4点，外面还黑咕隆咚呢，她就披头散发，神情恍惚地出门，见人也爱搭不理的。到上午8、9点钟，正是别人出门上班的时间，她倒浓妆艳抹地回家了，她到底是干什么的呀？

大爷们仍然冲我微笑，但笑容中多了一丝忧郁和担心。时间一天天过去了，大爷们的表情愈来愈忧伤。我知道他们有话想问我，但又不好意思打探别人的生活。于是，我们就在尴尬中保持着沉默。

时间大约过了半年。

有一天，我最喜欢的大爷"我心狂野"（这是我和许戈辉给他起的名字。因为他是所有保安中最害羞的一个，脸上总是一副不好意思的样子，但我和许戈辉却认为他是那种外表冷漠，但内心火热的人。所以起名"我心狂野"。）在我下楼取信的时候，一直在我身边溜溜达达，那天我的信又特别多，我正一封封地翻看，顺便把垃圾邮件扔进废纸箱，大爷突然冒出了一句广东普通话："你是做什么工作的？"

我愣住了，不相信大爷居然有勇气说起了国语，我大为感动，一字一句地说："我在电视台工作！"

"电视台！"大爷大声重复了一下，神情明显轻松了许多。"你早晨返工好早咯！"大爷又问了一句，这回广东话又出来了。

"对，因为我是做晨早新闻的！"我也用普通话的发音加进了广东话的词语。

"哦……！！！！"大爷一定是粤剧票友，那一声"噢"足足拖了 10 秒钟。从那声音里，我听到了如释重负的感觉。我读懂了"我心狂野"的潜台词："我说我一把年纪，见多识广，不会看错人的，这个女孩是个好女孩！"

这下我倒不好意思了。我红着脸，说了句"唔该嗮！"（谢谢！）注解就抱着信冲进了电梯，大爷一直看着我，脸上笑开了花。电梯门关上的那一刻，我乐了。

"完了，我长针眼了！"

我的同事梁冬在广州过完周末回到香港，星期一去公司上班，一见到我就兴奋地说："我最近见了一个大师，算命特准，我请他帮你也算了一卦，我给了他一个鲁字，但没告诉他是陈鲁豫，真神了，他想都没想就说：'你这个朋友工作很辛苦啊！你看，鲁字分开来，就是刀在田上，日在线下，也就是说，你这个朋友和农民差不多，天不亮就拿把刀下地干活去了。'"

梁冬说到兴奋处，胖乎乎的手在我眼前比比划划："鲁豫，难怪你早班车做得那么好，你天生就该主持《凤凰早班车》啊。"

我被他气得直翻白眼，一口气眼看就要喘不上来了。

这场对话发生在 1999 年底，正是我的体力接近崩溃的时候。从 1998 年 3 月 31 日开始，我一个人主持每周 5 天的清晨直播节

凌晨 5：00 《凤凰早班车》工作现场。我正头发散乱，脂粉不施，睡眼惺忪地看报。

目《凤凰早班车》，凌晨 4 点就要起床，每天睡不到 5 个小时。一年半下来，我能感觉得到，我的身体就快散架了。可人的意志力真是个神奇的东西，它始终支撑着我急需大修的身体，而我的

身体也很给面子，总是乖乖合作，从不罢工。慢慢地，我也不知天高地厚起来，真以为自己有着金刚不坏之身。

直到那天凌晨4点整，追魂夺命的闹钟铃声把我从沉睡中叫醒。

我躺在黑暗中，根本动弹不得，已经清醒的意识里满是绝望。刺耳的铃声足足响了1分钟，更衬托出外面的一片死寂。

5分钟后，我从床上挣扎着爬起来，心里万念俱灰。一个只睡了不到5小时的人，她在凌晨4点起床的那一刻，对人生的态度不会太积极、乐观，没有自杀倾向已经谢天谢地了。

我闭着眼，一步三晃地进了洗手间，身上有一种很奇怪的感觉，说不出哪不对劲。平常，我在凌晨4点的时候，除了头疼，心慌，胸闷，四肢发沉，浑身哪都不舒服以外，也没什么特别难受的地方。而此刻，我的左眼一跳一跳地又涩又疼，这是前所未有的。

我还是不以为意，低下头开始洗脸。冰凉的水一浸到脸上，我这才完全清醒过来。仰着湿漉漉的脸，我眯缝着眼睛伸手去够架子上的毛巾，突然，我浑身哆嗦了一下，两只眼睛瞪得老大，镜子里的景象令我惊恐万分：我的左眼上眼睑红彤彤的、一个模样狰狞的肿块清晰可见。

"完蛋了，我长针眼了！"

6点整，珍姐走进了化妆间。她是凤凰的化妆师，有着一双化腐朽为神奇的手。一见到她，我好像没娘的孩子看到了亲人：

"珍姐，"我的声音发抖而且带着明显的哭腔："怎么办哪，我的眼睛肿了！"

珍姐使劲盯着我，一向沉静温和的脸上第一次流露出不知所措的表情。

"肿得好厉害。没办法,我多扑些粉试试吧。"珍姐的脸上也是愁云密布。我知道,她技艺高超,又一向对自己要求甚严,如今我的眼睛肿得像水蜜桃,她的本事再大,也回天乏力了。

早上化妆时,面前摊着一堆资料要看。

我愁得不知如何是好,只能闭着眼,任由珍姐的手指一遍又一遍轻拍在我的左眼上。

6点45分,我准时坐在了主播台上。一戴上耳机,我就听到导播室里一片惊呼:"有没有搞错,鲁豫的眼肿成这样!"

事已至此,我也只有坚强面对:"请把景别拉得再大一些。"我不停地鼓励满脸愕然已经慌了手脚的摄像:"对,再拉开一些。"

摄像猛然间回过神来,从镜头后探出半个脸:"鲁豫,景别不能再大了,现在从镜头里已经看不出你是谁了。"

我从来不认为自己有多漂亮,这一刻,我更是希望我的"聪

老板刘长乐和我。

明"，"才华"，"人格魅力"能够挡也挡不住地由内而外散发出来，让观众在清晨7点睡眼惺忪的时候，被我的内在美迷得一塌糊涂，根本无暇顾及我左眼睑上硕大、丑陋的麦粒肿。

8点钟直播一结束，我就接到了老板的电话："鲁豫，昨晚没睡好吧，眼睛有点肿。"

自从做了《凤凰早班车》，我的人生目标变得单纯明确：有朝一日，我要是当了老板，一定天天睡到自然醒。可我就不明白了，我的老板已经是老板了，为什么每天7点的早班车他从来没落下收看。文涛的评价一针见血：所以人家才是老板。

这么多年了，我很了解老板。表扬你的时候，他绝对是夸你没商量，自信心不强的人还真扛不住。这一点我很认同，因为谁都需要肯定。而批评一个人的时候，老板则是委婉的，既指出你的不足又不伤害你的自尊。所以，我听出了他实际的感受：你的眼睛怎么搞的，简直惨不忍睹。

我于是立刻痛下决心：上医院，找最好的眼科大夫，动刀动枪，在所不惜。

一个朋友向我推荐了全香港最著名的X大夫。他行医多年，是国际眼科界的翘楚，不少达官显贵都是他的病人。近年来，由于娶了某社交界名媛为妻，更是跃身而为城中名人，每天报纸娱乐版新闻里，总能看到他和太太恩爱甜蜜的样子。两人郎才女貌，真是一对如花美眷。

"他很贵噢！"电话里，朋友的那个很字拉得极长，听上去怪吓人的。

再贵也要去！我平日里糊里糊涂的，但关键时刻还分得清主次。

挂上电话，我直奔X大夫在中环的诊所。才上午10点钟，宽敞的候诊室里已满满当当地坐了20几个人。等了一个多小时，X大夫西服革履的俊朗身影才出现在诊所的门口。一瞬间，所有病人的目光都投向了他。那场面着实让我感慨：这年头，当医生都要当偶像级的，开处方，动手术时，旁边最好也安排些FANS（追星族）惊声尖叫：看哪，他割阑尾的样子好有型噢！

我正胡思乱想，突然听到护士在叫我的名字，赶紧从椅子上一跃而起，低着头跌跌撞撞地跟在护士身后。之所以跌跌撞撞，是因为我在室内也戴着酷酷的溥仪式墨镜，黑糊糊的什么也看不清。可是，在我的眼睛痊愈之前，我只能以这副德性见人了。

"陈小姐，请坐！" X 大夫的声音低沉有磁性，国语好得惊人。

我慌忙摘下墨镜，乖乖地坐在椅子上，脊背挺得笔直，一动不动。

X 大夫开始专注地凝望我的眼睛，好像在看着自己的情人。这时如果隐去诊室的背景，把我俩搁在蓝天白云的布景板前，你看到的分明是我被白马王子的深情凝视羞红了的脸颊。

"大夫，我的病危险吗？要不要开刀，开刀要打麻药吗？会留下疤吗？"我脸上的表情，有如世界末日。

"陈小姐，你的眼睛不需要动手术。等肿块再长两天，让它自然成熟，流水，然后，你再来看病。好，再见。"

X 大夫温和的声音让我一下子从浪漫爱情影片的女主人公变身回《急诊室》注释里的女患者。

"可是，我，我，好，再见。"我磕磕巴巴地来不及说什么，就被护士小姐领到了付款台。

坐在回家的船上，我越想越觉得吃亏。都说 X 大夫英俊非凡，我坐得离他那么近也没顾上看他一眼，相反，被他盯了半天，我还得给出一张港币 1000 元的支票。我真是比窦娥还冤。

我长了针眼的消息很快就在公司传开了，不断有各地的同事打电话表示慰问，最后总不忘加一句："你看了什么不该看的东西了吧。"

我真是有口难言。我是不该看的没看，该看的也没看。

当然，幸灾乐祸之余，同事们也提供了千奇百怪的偏方：在手指上系根红线、拼命喝凉水、把痔疮膏涂在眼皮上等等。

我眼睛肿得老高，心里倒还明白，封建迷信的事情，我不能试。

一个星期过去了，我的左眼红肿得只剩下一条缝，视线都窄了许多。可是，不管什么事，只要习惯了就好。

珍姐见到我，已经不再长吁短叹了。她现在每天提心吊胆的是如何不让尖尖的眼线笔弄破已经透明的肿块。摄像，导播也都是经过风雨见过世面的人，他们大概看惯了我的样子，竟然敢给我推大大的特写了。至于观众，一大早都睡眼蒙眬的，也没人像看情人般地紧盯着我。我自己呢，慢慢地也敢大白天不戴墨镜在街上走了。香港的小孩子好像特别坚强，马路上、超市里猛然间看到我，也没人哭闹。

几天后，我再去复诊。

和上次一样，英俊的 X 大夫看了看我的眼睛，和颜悦色地说："还没熟透呢，再等两三天就差不多了。"

我又恍惚着被护士小姐领到了柜台去结账，短暂的一面，再花去我港币 1000 块。

我咬着牙对自己说："值了。"

两天后，是个星期天。

我一觉睡到了中午才起床。人睡够了，心情就特别好，我哼着歌在洗手间里刷牙。突然，那个硕大无朋的包，破了。

我吐掉嘴里的牙膏，开始深呼吸，可人还是紧张地发抖。

我从家里常备的药箱里拿出纱布，轻轻地擦干净左眼眼皮，然后，下楼打车，直奔 X 大夫而去。

谢天谢地，星期天，他竟然也在，当然，是要按周末急诊收费的。

X 大夫看到我很高兴。他戴上白色医疗手套，拿出两根棉签，动手挤那个包。我微仰着头，一动也不敢动。

"好了。"一分钟都没有，X大夫已经大功告成。"这里是一盒防感染的药膏，回家记得涂喔。再见!"

　　那天，我的账单是1500港币。

"遭遇"以色列

- 在我看来，她的背影写满了复仇二字。

- 我平日十分淑女，语言优雅而得体，但用英语说起粗话来，面前真站个美国人、英国人，也未必是我的对手。

- "我们安身立命的原则是，在确认你是朋友之前，先假设你是敌人。"

1999 年 10 月 28 日晚上 7：00，我拖着两个无比沉重的大箱子来到香港赤蜡角国际机场，准备乘坐以色列航空公司的班机飞往耶路撒冷。旅行社发出的指南上特别注明，乘以航飞机一定要提前 3 个小时到达机场。我虽然觉得没必要，可还是乖乖地照办。毕竟，目的地是以色列。

她折磨我整整 3 个小时

我相信，人的着装颇能反映人的心境。那天，我一身戎装：军绿色卡其布连衣裙，高统皮靴，像极了电视上看到的以色列女兵。

以航办理登机手续的柜台前是两条长长的人龙，一队是以色列公民，一队是外国人，队伍长得令人绝望。还好，我坐的是公务舱，多少有些特权，不用排队。

我正在暗自庆幸，一个以航工作人员走过来用英语请我出示机票和护照。这是一个年轻的犹太女孩，她深陷的眼窝、鲜明的五官轮廓、特别是挺直的鼻子和一头卷曲蓬松的褐色乱发，像极了年轻时的芭芭拉·史翠珊（Babara Streisand）。

想想真可惜，我没有和她拍张照片，也忘了问问她的芳名。毕竟，她折磨了我整整 3 个小时。

以下是我们之间最初的一段对话：

问（面无表情地）："你去以色列做什么？"

答（心不在焉地）："拍节目。"

问（仍然面无表情地）："拍什么节目？"

答（开始不耐烦）："千禧之旅。"（大费周章地介绍了千禧之旅，但故意漏掉了行程中的伊拉克。）

问（她一直低头翻看我的护照，脸上的表情我看不见，但突然变大的声音说明她极为不满我的态度）："你在以色列准备拍些什么呢？"

答（我的声音也开始冷淡，语气更强硬了）："不知道。"

问（她从护照上抬起头，目光锐利地看着我）："那谁知道呢？"

答（我微微地扬起了下巴，挑衅似的迎住她的目光）："我的同事。"

问（她停顿了一下，好像是叹了一口气）："他们在哪？"

答（开始气她）："在以色列。"

问（她不再看我，目光掠过我望向我的身后）："你在以色列住哪？"

答（我故意把头往旁边歪，去找她的目光，语调逼人地）："不知道。"

问（她的脸涨得通红）："谁来接你呢？"

答（拿腔拿调地）："不知道。"

问（几乎崩溃，但仍然死扛）："你在以色列会呆多长时间？"

答（我都不忍心了）："不知道。"

……

我们这段剑拔弩张的对话进行了40分钟，我始终是一问三不知，不是我不合作（我的确是不合作），我实在是什么都不知道（天地良心，这是真话）。女孩认定我虽然极不友善，但并没危险。第一关盘查我总算通过。

女孩把护照、机票还给我，转过身，用背对着我说了一句："跟我来"，就自顾自地走了。

我愣了一下，意识到前途叵测。但事已至此。我也只能硬着头皮上。我推着行李车一路小跑跟在女孩的身后，在我看来，她的背影写满了复仇二字。

"我刚才对她那种态度，她一定想把我关到小屋里单独盘问吧？算了，大不了误飞机，什么鬼地方，哭着喊着求我去我还不想去呢。"我一直胡思乱想。

我跟着她左拐右拐走出候机大厅，来到了停机坪上。一辆7座面包车正停在我的面前。女孩伸出右手，做了个请上车的手势。我心一横，抬腿就上了面包车，我的箱子和巨大的双肩背包就堆在行李车上，我连看都不看。我心里有数，护照机票都在我手里，钱和信用卡我放在了小布袋里，袋子是我花了5块钱人民币在大理洋人街买的，我去哪都拿它来装"巨款"，挂在脖子上。有了这几样旅行必备的东西，其他的，真要丢了，就看本小姐心情如何了。心情好，丢了就丢了；心情不好——比如现在，那我一定把航空公司告得倾家荡产。

我沉着脸坐在车上，一动不动，余光能看到女孩和从车上下来的司机在奋力搬我的箱子。

车子在停机坪上转了一大圈，停在了一排外表好像飞机检修库的平房前。

平房里热火朝天地挤满了人。

我铁青着脸冷冷地扫了一眼屋里的人：七、八个高大魁梧的以航工作人员，还有十几个和我一样已经疲惫不堪、听天由命的外国旅客。

女孩丢下我，和一个长得挺像内塔尼亚胡的以航同事嘀嘀咕咕地讲起了希伯莱语，"内塔尼亚胡"不时地向我这里看上一眼。我直直地站着，脚边不知什么时候堆满了我的行李。

"内塔尼亚胡"微笑着向我走来，"Shalom!"（希伯莱语你好的意思）他冲我点了点头，弯腰拎起我的两个巨无霸箱子，转身放在了一张比乒乓球台还要宽大的桌子上。

"芭芭拉·史翠珊"不知从哪端出两个硕大的透明塑料箱，倒进开水，滴两滴泡泡浴完全可以舒舒服服地泡个澡。她把澡盆也放到了乒乓球台上。

我饶有兴味地看他们忙着，想知道这葫芦里到底藏什么药。

"打开箱子!"

"打开箱子。""芭芭拉"不看我，而且，连个请字也没有。

我蒙了一下，有那么两秒钟吧，我特别想扑过去求他们："我不玩了，让我回家吧。"虽然心里想变成浦志高，可脸上的表情还是和江姐一样大义凛然。

我开了密码锁，向后退了半步，皮笑肉不笑地对"芭芭拉"说："箱子太重，我打不开。"

废话，要杀要剐随便，但别指望着我会帮你们磨刀。

还是"内塔尼亚胡"怜香惜玉，他帮"芭芭拉"打开了箱子。这下，我的宝贝全都大白于天下。

我飞快地扫了一眼两个箱子，谢天谢地，内衣、女性用品大概是在箱底，我担心的难堪场面没有出现。

最上层花花绿绿的是我的战略储备：方便面、榨菜、话梅、口香糖、咖啡、巧克力和维他命。所有的食品全部真空密封包装，绝对符合卫生检疫条例。这一下，我更加气定神闲。

"这么多吃的，你是要去野营吗?""内塔尼亚胡"指着一大盒金莎巧克力冲我乐。

"不，我很馋。"我也笑了，人家"内塔尼亚胡"一直对我不错，可我心里还是打鼓。这些食品我是为了在巴勒斯坦、伊拉克、伊朗过苦日子预备的，被他们猜到总不太好。

"对不起，按规定，现在我们要把你箱子里的每一样东西都拿出来放进这两个塑料箱，请你监督。""内塔尼亚胡"的话让我的头嗡地一下，刚刚对他生出的好感立刻荡然无存。

我咬着嘴唇，无助地看着"芭芭拉"把我的东西一样一样拿起来，左右端详一番，再漫不经心地放进塑料箱。

20分钟后，两个箱子变得空空荡荡。我花了3天时间才整理好的毛衣、牛仔裤、护肤品、化妆品和准备到伊朗后入乡随俗用来包头的几块披肩凌乱地堆在塑料箱里。

我急得眼泪都快掉下来了。

"芭芭拉"大概良心发现，自始至终低着头，没有乘胜追击再甩什么风凉话。

两个身材魁梧的以色列小伙子一人一个把塑料箱搬到了检查行李的 X 光机上。平心而论，今天我见到的以航工作人员，女孩漂亮，男士英俊，颇给以色列长脸。就像眼前这两个大力士，换上苏格兰呢西装和皮靴，活脱脱就是一幅 Ralph Lauren 秋季时装广告。可惜，愤怒蒙住了我的双眼，我看他们，个个都是乔装打扮的摩萨德。

"好了，你可以装箱了。""芭芭拉"站在 X 光机旁边冲我招手。我的两大堆宝贝已经被摊在了另一张乒乓球台上。

哀莫大于心死，我已经懒得和他们理论。

我在心里叹了口气，开始叠衣服。突然，我尖叫起来"This is not mine!"（这不是我的！）在榨菜和被拆开包装的一大罐蔬菜粉中间，我竟然看见一盒已经抽掉大半的 555 香烟。

用外语说粗话我觉得不算什么，好歹也是练习口语啊！

"这叫什么×××安检！"我开始用英语骂人了。各位同胞请相信，我平日十分的淑女，语言总是优雅而得体，但用英语说起粗话来，面前真站个美国人、英国人也未必是我的对手。反正，用外语说脏话我觉得不算什么，好歹也是练习口语啊。

"对不起，香烟是我的。"旁边一个包头巾、穿长袍，模样酷似阿拉法特的阿拉伯男子凑到我旁边，伸手去够香烟。

"慢着！"我挡住他，回过头去找"芭芭拉"和"内塔尼亚胡"，"安检这么严肃的工作，你们竟然如此地掉以轻心。真要出了事，谁负责？"我声色俱厉，语言风格像极了党小组会议上语重心长的支部书记。

"芭芭拉"狠狠地看了一眼"阿拉法特"，这才相信那烟的确不是我的。她自知理亏，于是红着脸，表情又哭又笑地看着我，嘴张了张，却什么也没说。

"我们来帮你装箱吧！"呼啦啦，我身旁一下子围了 5、6 个高大威猛的以色列小伙。

"Don't touch my stuff!"（我看谁敢碰我的东西！）我委屈极了，不争气的眼泪正在一点点地涌上眼眶。

我只是想看看以色列，仅此而已。何苦这么舞刀弄枪的？

我拼命忍住眼泪，埋头整理箱子。

刚才还闹哄哄的房间突然变得很安静。"芭芭拉"、"内塔尼亚胡"一直在我耳边絮絮叨叨地说着什么，好像是在道歉。我谁也不理，只是专心地叠我的披肩。

不知过了多久，我忙忙叨叨的手终于停了下来，低头看看箱子，又满满当当、整整齐齐的了。我这才抬眼示意"芭芭拉"："还查吗？不查就关上。"

又是"内塔尼亚胡"，识趣地扣上箱子。

我不说话，等着看还有什么好戏。

"我们可以走了。""芭芭拉"的话让我不敢相信自己的耳朵。

我愣了一秒钟，然后好像怕谁反悔似的，转身就往外走。都快到门口了，才听到身后叮叮咣咣地有几个人跟了上来，想必带着我的行李。走出大门我才意识到，其他的老外已经不见了。

天黑透了。我看了看表，荧光指针指着9：45。

我恍惚地坐上面包车，又被"芭芭拉"带回了机场候机大厅。我乘坐的班机正在做最后一次召集。眼看磨难到了尽头，可我对即将展开的旅程一点兴趣也没有了。

一个又高又胖的黑人裹在一件雪白的袍子里，从远处急急忙忙地跑来，身上左右各挎一个鼓鼓囊囊的旅行袋。后边气喘吁吁地跟着比他还胖的太太，手里还领个5、6岁大的小男孩。一家三口要飞的是纽约，登机口就在隔壁。

我很羡慕他们，能自由自在地赶飞机，不像我，身后老有"芭芭拉"像影子一样跟着。

我今天的计划全被他们打乱了。

　　平时，从香港出差去外地，我总是提前一个小时到机场，托运行李、领登机牌、过关，所有的手续办完之后，还会有 40 多分钟可以闲逛。我会先到书店挑一堆杂志在飞机上消遣，再去免税品店帮朋友买些香烟，然后，我一定要去卡蒂亚专卖店看看他们又来了什么新的货色。最后，如果还有时间，我会去休息室，喝杯咖啡，打几个电话。我喜欢这样，不紧不慢地。可现在，我什么也来不及做了。

　　登机口的香港地勤人员一再地向我这边张望，我犹豫了一下，还是想跑去几十米外的书报亭买本杂志，否则，这一路上，我实在不知道该如何打发。

　　我转身正要走，却差点撞上紧挨我站着的"芭芭拉"。

　　"What???"（你想干吗???）我冲她大叫了一声。她的大眼睛忽闪闪地看着我，目光里满含着请求，我恍然大悟，他们对飞以色列的外国旅客采取的是一对一的全程盯人战术。

　　"我现在是不是除了上飞机，不能去任何地方，否则，你们又要重新查我？"

　　她苦笑着点了点头。

　　我彻底崩溃："好吧，我登机了。"说罢转身就走，好像听到"芭芭拉"咕哝了一句谢谢你。

　　登机口的地勤人员见到我都长出了一口气，看样子，我的确是最后一名乘客。

　　公务舱今天满员。我不知道该坐在哪里，也懒得查票根，看到靠过道还有一个空位，于是也不等空中小姐领路就径直走了过去，然后，一屁股坐下。这才感觉到，自己已是心力交瘁。

　　"Shalom! I'm your neighbourui. My name is..."（你好，我是你的邻居，我叫……）我迷迷瞪瞪地顺着声音望过去，这才注意到我的邻座是一个 50 多岁的男子，是犹太人，而且是以色列的犹太人。

我从不种族歧视，但今天，某些人真的是得罪我了。我把手一挡，不客气地说："Leave me alone. I'm not in the mood for chitchat. For the past three hours I was interrogated and searched by the airline, which is something I've never seen before. I don't think I even want to go to Isreal."（别理我，烦着那。刚才，你们以色列航空公司的人审了我快 3 个小时，真是活见鬼。鬼才要去你们国家。）我心里想说的其实是中文版本，可英文一出口，我还是本能地采取了有理有力有节的文风。说到底，人家老大爷对我客客气气地，我总不能太失礼。

虽说如此，他还是被我突如其来的一顿抢白弄愣了。过了半天才回过神来："对不起，我只是想打个招呼，因为我们是邻居。我没注意到你的情绪，很抱歉。你可能不太了解，所有去以色列的人都要被细细地盘查，当然，对外国人会检查得特别仔细。可即便是以色列人，如果刚刚去过一些敏感国家也要被查个死去活来。"

他的英文很好，一句死去活来让我的嘴角动了动算是微笑。见我有了笑模样，他的语气更慈祥了："请你谅解，我们以色列是个特殊的国家。这么多年来，我们安身立命的原则就是，在确认你是朋友之前，先假设你是敌人。这是我们的生存方式。"

这就是以色列，还没见到它，已经感受到它的紧张气氛了。

情陷伊拉克

• 我声色俱厉地用英语吵了起来，这一段余秋雨老师有过描述"我们的陈鲁豫出场了。她以北京市英语演讲赛冠军的语言锋芒，劈头盖脸地问了他们一连串问题又不容他们回答。我不相信他们能完全听明白语速如此快的英语，但他们知道，这位小姐发的火比刚才那位更大，而她背后，站着一排脸色峻厉的中国男人。"

• 可我就是想采访萨达姆。

我甚至想到了一个邪恶的方法：出钱。

这个题目或许会引起误会。

1999 年，我在伊拉克呆了 10 天。10 天的时间很短，根本无法经历一场轰轰烈烈的异国绯闻。不过，那 10 天我的确是全心全意、朝思暮想地渴望见到一个人，见到他的照片我会兴奋地想象我们见面的样子，那份痴狂倒是和热恋没什么区别。

我说的是萨达姆，当时的伊拉克总统萨达姆。

恶劣的环境在 10 小时内
改变了我，
带出了我性格中强硬的一面

1999 年的伊拉克，是一个几乎完全封闭的国家，巴格达通往约旦首都安曼的公路是当时他和外界惟一的联系纽带。偏偏那条公路因为常常发生恶性交通事故而得了个晦气的绰号——死亡公路。

1999 年 11 月的一天，我和"千禧之旅"的同伴们天不亮就从安曼出发了。

我们计划得很周密：上午 7 点左右到达约旦和伊拉克交界处，保守估计，中午之前总能完成烦琐的边防手续，然后马不停蹄开车赶路，6 点天黑前肯定进入巴格达市区。约旦首都安曼的公路是当时它和外界惟一的联系纽带。偏偏那条公路因为常常发生恶性交通事故而得了个晦气的绰号——死亡公路。

死亡公路不是闹着玩的，大白天还常常出事呢，晚上开车无异于自取灭亡。

11 月初，中东地区的早晚温差已经很大了。中午的阳光火力十足，能烤死人；可天一黑，就得在毛衣外面再加一件厚外套。

那天起得早，外面天色漆黑。想到整个白天我都要在车上和边境度过，就只穿了件 T 恤衫和长过膝盖的短裤，出发前才在身上又套了件羽绒服。

出门的时候，果然是天寒地冻。

一路顺利。

6 点才过，我们的 5 辆吉普车已稳稳当当地停在了约旦一方的边防检查站。这一路，对约旦这个小国留下了极好的印象。约旦人并不富有，但热情、善良而正直。已故的侯塞因国王个子不高却是个政治巨人，把一个资源贫乏的小国打理得井井有条。特别是在中东这样纷繁复杂的环境中，约旦不仅安然生存着，而且在众多国家中有着举足轻重的作用。

约旦海关的工作人员个个温和有礼，将护照还给我们的时候，一再叮嘱，进入伊拉克后一定要小心。我们嘴上应着，心里已经兴奋得不得了，恨不得一步跨进伊拉克。

头天晚上，我们"千禧之旅"全体成员开了个战前动员会，中心思想是要大家对伊拉克做好最坏的准备。不知道别人的心境如何，我只是对第二天的行程满怀着憧憬。不过，憧憬归憧憬，我还是仔仔细细把全部行李翻了一遍，销毁了一切和以色列以及"邪恶的西方社会"有关的痕迹：在耶路撒冷老城区买的死海泥面膜得撕掉包装，那上面全是希伯莱文；我的两个旅行箱跟着我走南闯北，箱身上贴满了各国机场、航空公司花花绿绿的标签，走到哪都会引来啧啧赞叹："箱子够酷的，还真去了不少地方。"虽然舍不得，我还是狠狠心把不干胶的标签撕了个乱七八糟。看着瞬间变得丑陋不堪的箱子，心疼得要命。

"没什么可怕的！"我是带着这个念头入睡的。

8点整，我们已越过约旦边境，进入了伊拉克。

伊拉克的边防检查站就是荒郊野外几排孤零零的平房，我把车窗摇下来，将整个上身探出去。高远清朗的天空，一望无际的干枯土地，我的脑海里一下子蹦出一句英文：I'm in the middle of nowhere.（我在一个鸟不生蛋的荒凉之地。）

每到一地，车队里负责和边防海关打交道的丽丽捧着大家的护照办手续去了。谨慎起见，其余人员一律在车上等待。

天开始热了，我脱掉羽绒服，把它叠成枕头，倒在后座，开始睡觉。

不知过了多久，我揉揉眼睛醒了。车厢里热得像个蒸笼，我的脸上、身上全是汗。我呆呆地躺了有一分钟，搞不清这是什么地方。

"呦，鲁豫醒了，睡得还挺香。"我坐的5号车司机勇哥从车外伸进头来。

"几点了？咱们到哪了？"

"一直没动窝，都快一点了，还等着呢。"

"什么？"我一下子坐了起来，起得太猛，头昏沉沉的。

这还了得，如果天黑之前到不了巴格达，摸黑走死亡公路，是闹着玩的吗？

我开门下车，看到同伴们正三三两两躲在房檐下。正午的太阳明晃晃地晒得我根本睁不开眼。

"怎么样？"我问丽丽。

"他们封了咱们的电脑、手机、照相机，一上午把我支来支去的盖了无数个章。现在，还得等他们的主管，听说一会儿就到。"

正午的太阳晒得我眼发花。我靠着墙坐在了地上，抬头看着丽丽："他们这么拖着我们，该不是想要钱吧。"

在伊拉克边境。

丽丽叹了口气："该给的钱早给了，不该给的也给了。"

我立刻不说话了。

早就听说伊拉克的边防官员已经被惯坏了。1998年"沙漠之狐"之前，给每人塞个几美元的买路钱已是富富有余。可1998年战事最激烈时，据说有记者为了顺利过关，眼都不眨一下地给了每个伊拉克边防官员100美元。因为有人哄抬价格，结果伊拉克边境地区行贿受贿一下子有了市场。

"这要是在香港或北京，我不到廉正公署、反贪局告他们才怪。"我在心里恨恨地想。

咕噜咕噜，我肚子饿了。

"你要吃点什么呢？我去买。"我站起来，拍拍屁股。

丽丽苦笑了一下："我早被他们气饱了。再说，这什么也没有，连热水都不提供。咱们只能吃饼干了。你去1号车拿吧。"

听到饼干，我的肚子又咕噜了一下，这回算是拒绝。

我回到车上，关上门窗，开足冷气，拼命给自己灌矿泉水。

等待真是无聊。我懒懒地靠在后座上，把两条腿伸直，高高地架在前座的靠背上，百无聊赖地看着窗外。同伴们也都受不了毒太阳，陆续回到了车上。我把早就搁麻了的双腿搬下来，一边用手捶，一边和勇哥、摄像袁白聊天。

勇哥可是有着丰富驾驶经验的老司机了，但这会，他有点一反常态，不停地长吁短叹："这都4点了，今天肯定得走夜路，够悬的。"

我听着心里一阵阵发紧。我很清楚，当着我的面，勇哥已经是在轻描淡写了。

坐在前排的袁白回头看着我："鲁豫害怕了吧，脸都白了。"

我是属鸭子的，嘴上永远逞强："没什么好怕的，咱们那么多人呢。"一聊起天来，时间总是好打发些。突然，袁白的手表叫了起来。他的表定点报时，这意味着，现在是巴格达时间下午5点整，而我们，已经在这荒郊野外等了9个小时。

我的忍耐到了极限。

"我得去看看。"我边说边开车门跳下了吉普车，四下望望，见平房前已经聚集了不少"千禧之旅"的同事，于是拔腿向他们跑去。听见身后车门又"砰砰"响了两下，知道勇哥和袁白也跟来了。

十几个同伴正围着三个看不出是农民还是边防官的伊拉克人，大家都铁青着脸。

"怎么了？"我挤进人群，用英语问眼前一个肚子圆滚滚还留着油亮八字胡的伊拉克人。他旁边还站着两个瘦子，我看都不看。这种场合，得看人下菜碟。那胖子绝对是这儿的头，别人，不必搭理他们。

我的声音又大又急促，胖子有些愕然，他愣了一下，用手摸了摸八字胡，慢条斯理地说："We have to check all the luggage."（我们得检查全部行李。）

我的火一下子窜了上来。我完全变成了另一个人。

我开始扯着嗓子，声色俱厉地用英语吵了起来，这一段，秋雨老师在他的著作《千年一叹》里有过描述："我们的陈鲁豫出场了。她暂时压住满腔愤怒，以北京市英语演讲赛冠军的语言锋芒，劈头盖脸地问了他们一连串问题又不容他们回答。鲁豫说，一队早就由他们政府批准的外国传媒，被毫无理由地在这里阻拦了十几个小时，没有地方坐，没有地方吃饭，也不知如何走600公里的夜路，现在又要重新开始检查，这种情况，能在别的任何一个国家发生吗？我们不是私人旅游，请问，中国对伊拉克，还算比

和穆罕
默德在
巴格达
街头。
身后是
萨达姆
的塑像。

较友好的,是吗?我不相信他们能完全听明白语速如此快的英语,
但他们知道,这位小姐发的火比刚才那位更大,而她背后,站着
一排脸色峻厉的中国男人。"

　　在秋雨老师的生花妙笔下,我显得斗志昂扬又张弛有度,语言
掷地有声,态度不卑不亢,简直是女中豪杰。其实,我最后还有
一段话,那真是孤注一掷。

　　我是咬着牙说的:"你们真的要查我们的行李?好,我们有 5
辆车,15 个人,鬼知道多少件行李,我以你们真主的名义起誓,

我会一直呆在这，看着你们一件一件检查，查不完，你们谁也别想走。咱们开始吧!"

胖子彻底呆住了。他听懂了我的话，他知道，我豁出去了。一个急红了眼的人，你千万别招惹他。

"It's OK, you can go now." (没事了，你们走吧!)胖子的脸笑成了一朵花。

"Are you sure?" (你真的让我们走?)我心里怦怦直跳，生怕他们反悔，脸上可还是刚才那副凶神恶煞的表情。

"Yes! Yes! Yes! You can go now." (对对对，你们可以走了。)胖子不住地点头。他心里一定在想，算我今天倒霉，出门没看黄历，结果碰上你这么个外国来的母夜叉。

我转身豪迈地冲同伴们摆摆手："咱们走吧。"然后我飞快地跑回5号车，一上车，我就放声大哭。

我平生没有那样恶狠狠地教训过别人，那和我的性格、教养格格不入。但恶劣的环境却在10小时内改变了我，带出了我性格中强硬的一面，这让我很委屈。

我做梦也想不到，我是一路哽咽着来到巴格达的。

你能安排我采访萨达姆吗?

恋爱中的人都知道，想念一个人，他的形象就无处不在。你看山，山就是他的影子;你看水，水中也有他的倒影。而在巴格达的街头，我目光所及，看到的都是萨达姆。街心公园里树立着他一身戎装的雕塑;5、6层高的大楼外墙上是他的巨幅画像。我回到酒店打开电视，屏幕上是伊拉克的民歌手深情演绎一首歌颂萨达姆的歌。我听不懂歌词，但从画面能猜出个大概:萨达姆在阅兵，萨达姆在亲吻小朋友，萨达姆和伊拉克民众在一起。

萨达姆，萨达姆，这是我在伊拉克一心一意渴望见到的人。

我请陪同我们的伊拉克新闻官穆罕默德帮我想办法："你能安排我采访萨达姆吗？"

老实的穆罕默德被我的疯狂吓了一跳："采访总统很难。他上一次接受外国传媒的访问是 10 年前，1989 年，CBS 的 Dan Rather。"

我也知道萨达姆已经很少在公开场合出现了。有人甚至说，偶尔几次露面也不是他本人，而是他的替身。要想采访他，真是比登天还难。

可我就是想采访他。

我甚至想到了一个邪恶的方法：出钱。

我竟然丧心病狂地引诱忠厚的穆罕默德："只要能访问萨达姆，多少钱都没问题。你放心，这笔钱凤凰要是不给，我自己掏腰包。你说吧，打通各个环节需要多少钱？"

穆罕默德叹了口气："鲁豫，曾经有个记者要给我 4 万美金，被我拒绝了。因为我们的总统不可能接受任何访问。"

"4 万美金！"我嘴里念叨着，"我身上没有那么多现金，不过，我有几张旅行支票，还有 VISA 和美国运通的金卡。信用卡，你收吗？"

穆罕默德摇了摇头，嘴里嘟囔了一句"真主保佑"就不再理我。

我还在算账给他听："你看，我这有 500 美金，还有 1000 港币，4 张旅行支票等于 2000 美金，这张 VISA 卡的信用额是 16 万港币，运通卡可以透支 10 万港币，我只有这么多了，其余的等我回到香港再寄给你，怎么样？"回身一看，穆罕默德早就溜了。

①在巴格达阅兵广场。

②伊拉克乌姆盖斯尔港。我们拍摄的那天，港口一片平静。

③联合国驻巴格达办事机构。

④伊拉克南部重镇巴士拉。

我变成了花痴，每天俩眼发直，一看见萨达姆的画像就恨不得扑上去。一个在联合国驻巴格达机构工作的中国农业部女官员有些担心，她提醒我，最好不要说萨达姆3个字，因为中文、英文、阿拉伯文念起来差不多，别人会知道你在说谁。说这话的时候，她和我正在巴士拉的香格里拉酒店房间里聊天，我注意到，她说话的声音不大，而且从不说人名，提到谁了只用官阶，比如他们总统、他们外长。她甚至拔掉了电视的插销，这引起了我的好奇：

　　"难道电视机里会有窃听器？"

　　她不置可否。不过，她小心谨慎、语重心长的样子让我意识到，我的革命警惕性太差了。

　　我不再缠着穆罕默德要找萨达姆了，在大家的劝说下，我终于移情别恋准备采访伊拉克副总统拉马丹。

　　采访地点是巴格达市中心一座戒备森严的总统府(这是穆罕默德告诉我的，但我想，应该是副总统府才对吧。)荷枪实弹的伊拉克士兵把我和摄影队请进了一间会议室，屋里只有长条会议桌、椅子和一幅萨达姆年轻时代的黑白照片。我和同伴们轮流在画像前照了相，想象着开会时萨达姆就坐在这指点江山，这让大伙都颇为兴奋。

　　半小时后，端着长枪的士兵又把我、两个摄像、穆罕默德和新华社驻巴格达分社的资深记者顾正龙老师领进了旁边的一间会客室，采访就在这进行。

　　拉马丹的架势挺吓人的。贝雷帽、呢子军装、腰间别着把手枪，尤其是他的目光，直勾勾地传递着一个信息：如果和我为敌，你就死定了。

　　对拉马丹的访问绝不是我采访生涯中值得称道的一次。不客气

采访伊拉克副总统拉马丹。听说，拉马丹上了美军扑克牌通缉名单。我就想，他会躲到什么地方去呢？

地讲，他很平庸。原因很多，首先，语言不通。幸亏顾正龙老师精通阿拉伯语，而且肯替我这个晚辈做翻译，才使访问能够顺利完成。但听不懂对方的语言使我没办法进入拉马丹的内心，连最简单的追问都做不到。再加上当时的我实在稚嫩，承受不了剑拔弩张的压力，所有的问题都是蜻蜓点水式的，而拉马丹给的答案就像是伊拉克外交部发出的通稿。

当然，外部的原因也很重要。1999年11月，正是海湾地区较为平静的时候。多年的禁运、禁飞虽然使伊拉克的经济千疮百孔，但经历过两伊战争、1991年海湾战争、1998年"沙漠之狐"的伊拉克老百姓却再一次将战争的创痛抛在了脑后，收拾心情重新开始了生活。和平就像健康，它在的时候你没有感觉，只有失去了，你才懂得它的可贵。而身处和平的环境中，一身戎装的拉马丹显得那么格格不入，他说些什么似乎也并不重要。

虽然，我对访问很不满意，但顾正龙老师却很兴奋："这是伊拉克最高层官员第一次面对中国传媒。"

几天后，我带着没有见到萨达姆的遗憾离开了伊拉克。

决战莫斯科

• 到今天为止，我已经
做过无数次直播，可像
这样简陋、原始的条件
还是第一次。

• 我只记得自己双手捂
住脸放声大哭。旁边的
文涛、李玟、周星驰都
抱在了一起又跳又叫。

当萨马兰奇念出北京的名字，我的朋友花立刻兴奋地尖声叫了起来。北京电视台正在现场直播的画面里，主持人和嘉宾也激动地抱在一起。有那么一秒钟，全国上下一片欢腾。我的心里可是重重地咯噔一下，然后屏住呼吸等着萨马兰奇把话讲完。

"我要感谢北京、柏林、伊斯坦布尔和曼彻斯特对奥运会的热诚和积极的参与，可惜，赢家只有一个，悉尼。"

又有那么一秒钟，电视里一片死寂。

这是 1993 年 9 月 23 日，国际奥委会主席萨马兰奇在蒙特卡罗宣布 2000 年奥运会主办城市时的场景。萨翁也许太希望北京赢了，所以他在感谢各申办城市的时候，把北京排在了第一位。这个善意的举动却让无数中国人错以为北京赢了，然后在一眨眼的时间里，从狂喜跌入痛苦的深渊。

那个晚上，我和花买了一大堆麦当劳，在我家看电视转播，等候庆祝北京的胜利。花的英文不好，她一直求救似的看着我："真的是悉尼吗？"

我点点头，难过得说不出话来。

我有预感

8 年后的 2001 年 7 月 11 日，我坐在从香港飞往莫斯科的班机上，脑海里仍然不断地浮现出北京泪洒蒙特卡罗的痛苦画面。

　　机舱里暗暗的，大部分乘客放倒了椅子睡觉，只有我和文涛的座位上亮着灯，两个人都在埋头看面前的小桌板上摆着的厚厚一摞资料。

　　7月13日，国际奥委会将在莫斯科召开第112次会议，并投票选出2008年奥运会的主办城市。经历了1993年的失利，北京用了8年的时间卧薪尝胆，厉兵秣马，这回是志在必得。7月13日，全球的目光将聚焦莫斯科，凤凰卫视和北京电视台将联手直播这一天的盛况。我和文涛是莫斯科现场的主持人。

　　同机的还有台湾歌手李玟，她是凤凰邀请的嘉宾。

　　另一位嘉宾周星驰早上也兴冲冲地带着助手赶到机场，却在航空公司的柜台办理登机手续时被拦住了。他的俄罗斯签证第二天才生效，帮他订机票的工作人员没有注意到护照上的日期。没办法，周星驰只能扫兴而归。来机场送行的凤凰工作人员立刻帮他改签第二天的机票，香港到莫斯科的直飞航班是没有了，他只能像走跳棋似的先飞德国再前往俄罗斯。

　　忙忙乱乱的过程当中，幸好狗仔队不在现场，否则报纸娱乐版上不知道又会登出什么新闻来。

　　除了李玟和周星驰，凤凰还邀请了成龙，希望他也能去莫斯科担任我们的直播嘉宾，为北京助威。成龙很想去，但他的档期始终排不开。直到两天前，他的经理人才从美国打来电话，表示成龙终于腾出了几天的时间，可以和我们一块飞莫斯科。偏偏那几天世界各地飞莫斯科的航班都爆满，而且短短的48小时也来不及办理签证，于是，成龙只能遗憾地留在了美国。

　　飞机到达莫斯科机场是当地时间11日下午2点钟。我们和其他来采访国际奥委会大会的外国传媒都被请进贵宾休息室，统一办理入境手续。

直播小组的部分成员，在下榻的乌克兰大酒店前合影。

休息室里很热闹，大家说着中文、英文、法文、日文……所有申办城市的语言都有。

我忘了旅途的疲劳，变得兴奋起来。

再过 42 个小时，也就是 7 月 13 日早上 8：00，凤凰将开始北京申奥莫斯科的直播。我有预感，北京这次一定能赢。我的预感一向很准。

突发变故

在下榻的乌克兰酒店安顿下来，我赶忙抱着资料去找先到莫斯科打前站的同事。

我在香港临出发前，高雁就从莫斯科打电话告诉我，已经在新闻中心租了直播场地，布景、灯光机器都已准备就绪，只等我和文涛一到，和北京台的主持人、导演一起开个会，再确认一遍早已安排好的直播流程，就可以屏气凝神静等 7 月 13 日的来临了。

我兴冲冲地敲响了 803 室的房门。

803 美其名曰总统套房，其实不过是把两间普通的套房从中间打通而已。凤凰租下了这间总统套房，权作在莫斯科的办公室、会议室和编辑机房。

来开门的是小宋。很奇怪，看到我她没有任何表示，只顾皱着眉对着手机讲话："直播方案可能要改，等定下来我再通知你们。"

"怎么了？"我看了看屋里其他的人，高雁、刘璐，大家都是一脸的严肃。

"咱们和北京台合作直播的事，上面没同意，公司还在做最后的努力，我们都等着呢。"高雁简单地说明了情况。

我看看手表，已是下午 5：00，离 7 月 13 日上午 8：00 还有 38 个小时。38 小时，够干什么的？如果要重打鼓另开张准备一场长达十几个小时的电视直播，几乎是不可能的。

我抱着资料沮丧地坐在了沙发上。

这时，高雁的手机响了。"好，好。"她沉着脸静静听了 5 分钟，然后挂上电话，"7.13 直播咱们自己做。新闻中心的演播室给北京台用，咱们得赶紧找个地方。"

我再看看表，5：30，只剩下 37 个半小时。直播前千头万绪的工作竟然要在短短的一天里完成。

困难太大了。

一、没有直播场地。

二、已经租好的卫星时间给了北京台，重新再租谈何容易。7 月 13 日全球多家电视台都将转播国际奥委会莫斯科大会，卫星线路早就被征订一空。

我和高雁在莫斯科街头。在莫斯科，私家车可以像出租车一样
拉客。申奥直播结束后，我、高雁和小宋去逛街，
在路边伸了半天手，没拦到一辆车。小宋
举着相机对我们说："你们俩得做出
点风情万种的样，才会有司机
停车。"我和高雁摆出了
自以为最妩媚
的姿势。

三、按照和北京台合作的计划，摄像、设备由他们负责，现在自己直播，我们要人要机器都没有。

其实，以凤凰雷厉风行的办事效率，这些问题不论是在北京还是在香港，不一会儿就能解决。只可惜，我们现在不是在自家的地盘上。莫斯科虽然是堂堂的俄罗斯首都，但离国际化大都市的要求尚有一段距离。通讯设施，人员办事效率还处于大陆八十年代初期的水平，我们人生地不熟的，语言又不通，怎么办呢？

我从来都相信，人在巨大的压力下能创造出奇迹。

从 7 月 11 日下午 6∶00 到 7 月 13 日上午 8∶00 间的 36 个小时里，凤凰创造了奇迹。

首先，寻找新的直播场地。

"红场，要不然就在莫斯科河的岸边；或者在克里姆林宫的前面，背景最好是圣瓦西里大教堂。"我一口气把我能想到的莫斯科著名的景点和地标性建筑都提了出来。

其实，就凭我那点支离破碎的地理知识，我根本搞不清楚红场、克里姆林宫在什么地方。

"鲁豫说的有道理，我也建议在莫斯科市内找一个露天的地方，既有现场感，还能给北京代表团造声势呢。"文涛不知什么时候也来了。

"国际奥委会有规定，所有申办城市不得在奥委会投票前在莫斯科市内做任何宣传活动。咱们可不能帮倒忙。"高雁边说边起身去拿皮包："老板刚才有命令，接下来兵分几路，鲁豫、文涛你们在家里看资料，我们导演组现在去找场地和工作人员。"

36 小时

接下来的 36 个小时里发生的一切是后来同事们告诉我的。

莫斯科时间 7 月 11 日下午 6 点—8 点，老板和院长率队在莫斯科市转了一圈，他们对陪同选景的莫斯科当地的工作人员提出的要求是：要选择高层建筑，房间要足够宽敞，能容纳 200 人；要

我和文涛在莫斯科申奥直播现场。

有落地玻璃窗，窗外能看到莫斯科的著名建筑。根据这几项要求，他们选中了俄罗斯大酒店 22 楼宴会厅"克里姆林宫"。

这真是个绝佳的选择。

宴会厅足有五、六米高，摆上 20 个圆桌供 200 人同时用餐富富有余。最棒的是餐厅的整整一面墙都是落地玻璃窗，而窗外就

是红场、克里姆林宫和莫斯科河。

还有比这更理想的直播场地吗?

地方有了,下一步是工作人员和设备。

这相对比较简单,到莫斯科电视台,一口气租下他们转播车一辆,包括车上工作人员、摄像机 6 台、摇臂一架、调音台一个、麦克风、照明灯若干以及摄像师、音响师、灯光舞美、勤杂工近 60 人。

人有了,问题也随之而来。语言不通,怎么交流?还好,一到莫斯科,凤凰就雇了两个在当地念书的中国留学生做翻译,其中一个男生叫虎子,小伙子人很帅,俄语说得叽里咕噜的,十分流利。虎子成了香饽饽,在将餐厅改造成演播室的 30 个小时里,不停地有人在喊虎子的名字。

"虎子,跟老外说,主播台要贴上凤凰的标志。"

"虎子,告诉他们,灯要架得再高一些!"

"虎子,你跟餐厅老板说,租金多一分钱也不加。他好像是车臣人吧,这回还不表现积极点,为中俄友好做点贡献!"

可是,虎子和另一个做翻译的中国女孩分身乏术,虽然虎子忙得满场飞,可翻译人手还是不够,我的同事王西年倒是有办法。

西年是摄像出身,大型纪录片《邓小平》就是他的作品。虽然在凤凰已做起了管理工作,可现在直播人手紧,他就负责协调俄罗斯摄像,告诉他们什么时候镜头要推上去,什么时候要拉成全景。西年的要求很高。他希望自己的命令一出,摄像能立刻完成他的意图,可是中间经翻译的转达,时机就耽误了。于是西年拿了一张大大的硬纸板,在上面画出推、拉、摇、移、甩等摄像基本技巧,需要 1 号机器推上去,他就指指硬纸板上画出的"推",摄像立刻领会他的要求,唰地就把镜头推成特写。

负责联系卫星时间的是 Bobby 和崖子。

Bobby 是香港人，注重穿衣打扮。平常，喜欢卷着舌头说儿话音极重的普通话。

崖子是我广院的校友，85 级的，大名叫崖国贤。崖子是毛南族人，他是毛南族第一个大学生。平常，碰到凤凰以外的人，我们都习惯这样介绍崖子："崖子是咱们毛南族的小伙子，毛南族目前人口两万，其中正值生育能力的青壮年男子只有两千，所以崖子身上担负着毛南族繁衍生息的重担。崖子是毛南族的骄傲，他的一小步，就是毛南族的一大步。"

我们把毛南族的人口不断缩减，只是为了突显崖子的重要性，希望不要引起误会。

再说 Bobby 和崖子一起去找卫星时间，两人威逼利诱，软硬并施，就差出卖色相了，终于东拆一块时间，西抢一块时间，凑够了直播所需的卫星线路。

事后，我可以这样轻描淡写地回忆 Bobby 和崖子的工作，其实，他们的工作难度和压力之大，外人是无法想象的。我之所以能够体会，是因为当直播结束后，Bobby 这么矜持的香港绅士竟然会抱住小宋放声大哭。

我知道，他们很难。万一卫星时间租不下来，大家的努力，就将前功尽弃。

正所谓祸不单行。

卫星时间好不容易敲定，卫星线路却出现了故障，直到 7 月13 日上午 7：58，故障仍然没有排除。

Bobby 事后回忆说，他当时上吊的心都有。

凤凰于是立刻制定了新的直播方案，假设线路一直不畅通，8：00—14：00，现场先交到香港演播室，那儿的主持人是小莉和胡一虎，由他们通过其他电视台的直播信号介绍在莫斯科的情况，等卫星服务恢复正常后再将现场交给我和文涛。

谢天谢地，到 7 点 59 分时，卫星线路奇迹般地通畅了。

我和文涛

比起幕后工作人员，我和文涛的工作显得很是轻松。

我们的任务就是熟悉小山似的一堆资料（除了从香港背到莫斯科的 20 斤资料，一见面小宋又给我们一人打印了 100 多页的奥运会奇闻逸事，供我们在直播时用。），并保持最佳状态。

整整 36 小时，除了下楼去餐厅吃饭，我一直在房间里看资料、做笔记。

我们下榻的乌克兰酒店是典型的苏联时期 50 年代的建筑，外形很像北京展览馆，是不是美，见仁见智，但看起来绝对大气。酒店还算干净，但条件很差。房间里倒是铺着图案华丽的地毯，只可惜年头已久，床前、门口常常被人踩踏的地方已磨去了颜色，并且隐约露出了地毯下暗黄色的地板。酒店没有空调，这对莫斯科人来说很正常，他们担心的是冬天，寒冷而漫长，夏季既使气温再热也就是那么几天的时间，咬咬牙就过去了。

这可苦了我，我是个既怕冷又怕热的人。偏偏 2001 年 7 月中旬的莫斯科遇到了前所未有的高温天气，平均温度都在摄氏 37°C 上下。

晚上，我把所有的窗户都打开，还是热得一趟趟往洗手间跑，用冷水冰脸。

7 月 12 日晚 9 点，我终于大汗淋漓地看完了所有的资料。想想第二天的直播，我还是不放心，于是给文涛的房间打了个电话。

"咱们现在分分工吧。"

文涛的声音很干哑，一听就是和我一样，也在屋里闷了一天，"咱们这次事先不做任何规定，明天以最松弛，最自然的状态来主持，完全是生活式的。我说的时候，你听着，我说完了，你接着说，我再来听。这样，我们不会抢话，还能彼此补充，引出新的话题。"

"好像也只能这么办。"我用手拍了拍面前的资料，"这么多内容，真要事先分工的话，分到明早也分不完。"

"你放心，按我说的方式去做，明天你会发现，咱们的主持艺术将跃上新的高峰。"

挂上电话，我又洗了把脸，然后带着对攀登主持艺术新高峰的企盼和满头大汗沉沉地睡了。

7月13日清早6点整，我在闹钟叫响的那一刻，就从床上一跃而起。

天已大亮。干爽清凉的空气从敞开的窗户吹进屋里，这让我觉得十分舒适，连心情也变得轻松、愉快起来。

今天，凤凰在各地的主持人和出镜记者将统一着装：白色西服配淡粉色衬衫。相同的服装我们也给北京台的同事一人准备了一套，并且在胸口处绣上了凤凰和BTV的标志，象征两台强强联手。可惜，这次酝酿筹备了几个月的合作却在最后关头胎死腹中。既然不能联合完成直播，衣服上北京台的台标就得想法遮掉。不知是谁的主意，把印有凤凰图案的不干胶撕下来，贴在我和文涛白西服的胸口处，不大不小，正好盖住BTV的标记。

6：30，我准时来到楼下，等着和大部队一起去俄罗斯大酒店的直播现场。

来到莫斯科一天多了，我还是第一次站在莫斯科的街头。我这才发现，乌克兰酒店竟然就在莫斯科河边，红场、克里姆林宫、圣瓦西里大教堂也在不远处。

我听虎子介绍过，乌克兰酒店门前的马路是普京每天上下班的必经之路。有一次，普京的车队经过时，有一个男人开着辆破破烂烂的伏尔加从河边的一条小路上斜插过来，差点撞上普京的座驾。那个男人立刻被保安带走，也不知是不是车臣的恐怖分子。这以后，克里姆林宫方面加强了保安工作，并且大大提高了总统车队的车速，避免再有类似的事发生。

我站在酒店门口，打量着门前并不宽敞的水泥路面，想象着普京的车队在这呼啸而过。

文涛也晃晃悠悠地出来了，我这才意识到，只有我们俩去俄罗斯酒店，其余同事一直在直播现场根本没回来休息。

这时，住在乌克兰酒店的其他中国记者也陆陆续续下来准备坐车去新闻中心。我和文涛见到了中央台的主持人白岩松，彼此友好地打了个招呼。

在外界看来，从1997年香港回归开始，凤凰和中央台几乎在每一件国内外大事的直播上都要一争高下。对凤凰来说，能和中央台这样的大台站在同一个舞台上已是一种莫大的肯定，谁输谁赢并不重要。而在两台之间这种良性竞争的过程中，中国电视呈现出了前所未有的活力。

我很自豪，在中国电视飞速发展的日子里，我是其中的一分子。

我们赢了

7点整，我和文涛已坐在了主播台上。

和每次做马拉松式的直播一样，我的面前摊着资料、做记录用的笔和纸、一面小镜子、一把梳子、一小瓶发胶、唇彩、粉盒和一瓶矿泉水。这是我冲锋时的全部装备。

宴会厅里乱哄哄的。

高雁、小宋带着虎子正和莫斯科电视台的工作人员比比划划交待着什么；酉年一手拿着他的宝贝硬纸板，另一只手像打太极拳似的慢慢向外推开，那个扛着机器专管流动机位的俄罗斯摄像立刻腾出左手做个OK的手势，表示对他的意图心领神会；院长穿着一件鲜黄色的衬衫站在大厅中央，正亮着大嗓门打电话。

"现在信号还是没有，Bobby和崔子他们正想办法呢。"

挂上电话，院长迈着大步向我和文涛走来。

"鲁豫、文涛啊，今天总的基调就是要娓娓道来，和观众一起见证历史性的一刻。今天这场直播，我们只有36小时的准备时间，技术上也有很多困难。等一下，你们从现场的电视屏幕上看不到我们直播的画面，所以什么时候镜头给到你们，你们该什么时候说话都看我的手势。"

到2001年7月13日那天为止，我已经做过无数次直播，可像这样因陋就简的条件还是第一次碰到。

我们的转播车停在俄罗斯酒店的停车场上。因为体型巨大，足足占了10个车位。酒店方面无论如何不肯降价，坚持按照停10辆车收费。到晚上结账时一算，40几个小时已是一笔不小的数目。

导播刘璐，带着翻译坐镇转播车，由于楼层太高，转播车上的线路不够长，刘璐和22楼的现场导演小宋的联系只能靠手机来完

窦文涛、李玟、周星驰和我屏气凝神等待萨马兰奇宣布结果。我已经紧张得快哭了。

成。

　　在长达 11 个小时的直播中，刘璐始终保持着同一个工作姿势，两手操作切换台，头向左边倾，夹住放在左肩上的手机。直播结束后的一个星期里，刘璐的脖子一直处于落枕状态。

　　我曾大惑不解地问她："为什么不用耳机？"

　　"我忘了！"刘璐如梦初醒。

　　另一位现场导演高雁则用宴会厅里的惟一一部电话和香港方面保持联系。

　　俄罗斯人实在精明。酒店的总机得到上级通知，对于从香港和北京打来转 22 楼宴会厅的电话一律回答"无法接通"，这一来，我们别无选择，只能由高雁拨国际长途打回香港。没到过莫斯科的人根本无法想象在酒店里打国际长途到底有多贵。等到直播结束，高雁叫来酒店负责人结账的时候，电话收费一栏里的天文数字让她备受刺激，她几乎从22楼一跃而下。

正常状态下的直播，主持人都带着耳机，由切换台上的导播直接下命令："看3号机；还有1分钟出广告；现场信号还没来，接着说别停；鲁豫你左边的头发有点翘，用手整理一下……"7月13日这一天，我和文涛没有耳机，是聋子，现场的电视屏幕也看不到自己的画面，是瞎子，我们只能依靠院长的手势。

这么简陋、原始的直播是不得已而为之，可我，并不担心。这些同事是我朝夕相处的朋友，我们合作多年，配合默契，技术的困难影响不了我们。

7：59，喧闹的宴会厅安静了下来。

我用余光看了看身旁的文涛，心情益发的平静。和他合作，我觉得踏实。再看看大厅里的同事们，高雁、小宋都举着电话听筒，右手高高举在头上，准备倒计时；酉年站在摇臂车旁边，那架势，万一俄国佬达不到他的要求，他就捋袖子亲自上阵了；Bobby和崖子不在场，后来我才知道，他们正在落实8点钟的卫星线路；院长双手叉腰笑眯眯地站在我和文涛面前，鲜黄的衬衫被明亮的阳光映照得更加夺目。

我的心里充满了创造的快乐。

这就是我喜欢电视的原因，它充满了未知和挑战，它的创作过程是克服困难的过程，也是体现团队精神，精诚合作的过程。

"10、9、8、7、6、5、4、3、2、1——开始"

院长大手一挥，我和文涛上场了。

"大家好，现在是莫斯科时间7月13日上午8：00。

今天，国际奥委会将召开第112次全体大会，并投票选出2008年奥运会的主办城市。我们现在所处的位置是莫斯科市中心的俄罗斯酒店，我们的直播间就在酒店 22 层的克里姆林宴会厅里，大家通过我们身后的落地玻璃窗可以看到红场、莫斯科河、克里姆林宫……"。

我和文涛流畅地说着开场白，事先完全没有安排，只是遵循一条原则：他说的时候，我听，我说的时候，他听，互相补充，绝不重复，不抢话，一气呵成。

5 分钟后，院长举起了右手，我和文涛于是按照事先的约定，将现场交给了香港演播室里的吴小莉和胡一虎。

这时，院长带头鼓起掌来，然后整个宴会厅掌声雷动。良好的开始，是成功的一半。我知道，我和文涛开了个好头，今天的直播将会顺利进行。

中午一过，由凤凰请来的 200 多名广告客户和热心观众进场

文涛回忆说："我当时准备拥抱李玟和鲁豫，却发现已被周星驰抢先一步。"

了，宴会厅里摆好的十几张圆桌一下子坐得满满当当。每张桌子上都摆着好几瓶香槟，等萨马兰奇一念出北京的名字，香槟就会喷洒得满屋都是。

莫斯科时间下午6点钟，萨马兰奇手拿信封，缓缓登上了主席台。我紧张得心都要跳出来了。

"2008年奥运会的主办城市是——北京！"

一片沸腾。我只记得自己双手捂住脸放声大哭，旁边的文涛、李玟、周星驰都抱在了一起又跳又叫。

我们终于赢了。

9·11前传

• 真正的直播就该是这样，没有流程表，不知道下一秒钟会出现什么画面，主持人和观众一样面对神秘莫测的未来……

2001 年 9 月 11 日，香港仍然闷热得要命。

那个星期轮到我主持《凤凰早班车》，可偏偏身体不舒服，每天发低烧，还觉得恶心，症状像极了怀孕初期的妊娠反应。接连几天，我就像悲剧爱情影片中不慎怀孕又惨遭抛弃的女主人公一样，每隔半小时就冲进洗手间撕心裂肺地咳上半天，然后颓然瘫坐在地板上，大口地喘着气，最后再坚强地用手背擦擦嘴，拍成特写的脸上闪现出疲惫但圣洁的母性光芒，最好再有些低回婉转的音乐衬托着画外音："无论多么艰难，我也要把孩子抚养成人"。

可是，我没有怀孕，我只是得了毫无情调的感冒。

医生给我开了泰诺和一个名字当中几乎包含了所有 26 个英文字母、连我也不会发音的药，专治恶心。药的疗效不错，但吃了让人昏昏欲睡。

9 月 11 日晚上，在药物的作用下，不到 8 点钟，我就睡着了。

不知什么时候，一阵尖利的声音猛然钻进我的耳朵。我的意识先醒了过来，四处寻找声音的来源，可我人还在昏睡。那声音就像锋利的电钻一样一直在我的耳朵里钻着钻着，直到我腾地一下坐了起来。

卧室里一片漆黑，我几乎是本能地把手伸到枕边，拿起一个小小扁扁的东西——我的手机兼闹钟。

"4 点钟了，该起床了。"我近乎绝望地想着，人醒了一半。

手机还在执著地叫着，铃声在寂静的黑暗中显得绝望而恐怖。

"是电话。"我彻底清醒了。

我手忙脚乱地找着耳机，心里无名火起。认识我的人没有谁会在我做《早班车》的一个礼拜里，天黑以后还给我打电话。

"喂！"电话终于通了，我的声音中满是烦躁和不满。

"鲁豫！美国出事了！你赶快到公司来做直播！"是蓓蓓姐，凤凰主持人事物部的同事。她平时讲话慢条斯理的，总是商量的口吻，可现在她的声音听起来心急火燎。

我知道，有大事发生了。

我一边翻身下床光着脚往客厅走，一边哑着嗓子问："出什么事了？"

"美国被炸了！我也在往公司赶呢！"

我挂了电话，连灯也顾不得开，跌跌撞撞就往沙发上扑，结果右脚踢到了被我拿来当茶几用的古老皮箱上。

"××××！"我疼得骂了一句脏话，想伸手揉揉脚，可又顾不上。好奇心和莫名的恐惧已经快让我喘不过气了。

我终于摸到了昨晚临睡前被我随手扔在沙发上的遥控器。

CNN的画面让我目瞪口呆：一架飞机正平稳地飞行，然后义无反顾地撞上了世贸中心的南楼。而CNN记者的报道更是让人毛骨悚然：五角大楼被撞，另有两架民航客机失踪，其中一架怀疑正开往白宫方向。

到底发生了什么？

电视荧光屏在黑暗中显得惨白一片。家里只有我一个人，我觉得害怕。

我呆坐了两分钟，然后就像上了发条一样，开灯，穿衣服，拿包，拿钥匙，穿鞋，随后"咣"的一声撞上防盗门，电视和灯都没关。

黄埔花园还是人来人往，看大家的表情，显然还不知道那一刻正在纽约上演的惨烈故事。

从家到公司，慢悠悠走路只用10分钟，虽然短，却是我每天惟一的锻炼。可眼下不行，飞都嫌慢。

我边伸手叫出租车，边往北京家里打了个电话："纽约世贸被飞机撞了，我要去做直播！"我开始亢奋。

当我气喘吁吁地冲进化妆间，化妆师珍姐和发型师阿Ray都笑了："你果然来了。"

我以前和他们开玩笑说："如果你在不该看到我的时间在公司看到我，一定不是好事。这说明不知道什么地方又有天灾人祸发生了。"今天，我的话不幸应验了。

但我没工夫开玩笑，我已经完全进入了工作状态：板着脸、皱着眉，猛一看以为在和谁生气。当我精力高度集中的时候，就是这副德行。

同事们早就习惯了我工作起来六亲不认的样子。珍姐开始麻利地往我脸上搽粉底，潮湿冰凉的海绵一接触到我的皮肤，我的心里陡然掠过一阵近乎幸福的感觉：我知道，此时此刻公司的走廊上、直播间里，一定到处弥漫着一种略带夸张的紧张气氛，就像好莱坞电影中表现的电视台一样：每个人都脚步匆匆，套句英语的说法，紧张的空气浓厚得都可以用刀来切了。（The tension is so thick that you can cut it with a knife.）我喜欢这样的氛围。

珍姐安静、飞快地化着妆，阿Ray手头没有工作，他不声不响地打开电视，问都不用问我就调到了CNN。我正闭着眼竖着耳朵听CNN的报道，化妆间的门砰地一下被推开了。

"鲁豫，这是网上的最新资料。"我的眼睛还没来得及睁开，面前铺满眼影、唇彩、睫毛膏的化妆台上已经被重重地搁了一大堆 A4 打印纸，足有一尺高。

"最新情况是什么?"我瞄了一眼那小山似的资料，心里清楚上直播台前我无论如何也看不完。

"死亡人数还不知道，但美国媒体报道，平常工作日，大约有 4、5 万人在世贸中心里;另外，现在还有一架飞机被劫持，有消息说，飞机正往白宫方向飞。不过，所有消息都没有被官方证实。"香港导播用广东话飞快地说着。平常交流，他们都和我说"国语"，一有大事发生，还是广东话最方便。好在我的粤语听力到关键时刻总是特别好。

导播的话让我心里一阵阵发紧，"是什么性质的事件，是恐怖袭击吗?有组织宣称对事件负责吗?"

"现在什么都不知道。"

我随手抓起最上面几十张纸，飞快地翻了一下。纸上的内容大同小异，无外乎是各方的猜测和对过去 30 分钟在纽约、华盛顿发生的可怕事件最简单的描述。

妆化好了。珍姐默默地闪到一边，阿 Ray 又拿着吹风机走上来。

我从阿 Ray 手里夺过梳子，胡乱在头上梳了几下:"不吹了，我来不及了。"

我得上战场了!

"可你的头发……"阿 Ray 不能容忍我顶着一头略显蓬乱的头发出现在屏幕上。

可我管不了那么许多。一场前所未有的巨大灾难正在发生，我必须尽快坐在主播台上。

"放心，大楼都被撞了，谁还会在意我的头发。"我一边安慰阿 Ray，一边捧起厚厚一摞资料冲出了化妆间。

"鲁豫来了!"我一走进直播间,所有人都忙里偷闲地冲我点点头,打个招呼,眼神中的期待和信任让我感动。我的心开始怦怦直跳,幸福的感觉再次弥漫我的全身。如果你不是电视人你无法理解我的感受。

凤凰卫视资讯台的演播室此刻已变成了作战指挥中心,几乎整个公司的人都在。

同事 Jenny 不声不响递过来一杯水,她知道,我在直播的时候要不停地喝水。

我冲 Jenny 笑笑算是感谢。

"还有 5 分钟!"导播从控制室冲出来提醒我。

我睁大眼睛,深吸一口气,心里是冲锋前的紧张和兴奋。

我做过无数次直播,每一次我事先都会把功课做得扎扎实实。戴安娜王妃葬礼、美国 2000 年总统大选、克林顿弹劾案……把我翻阅过的所有资料摞在一起,该有一人多高了吧。今天却是例外,我几乎是在一无所知的情况下坐上了主播台。奇怪的是,我一点也不紧张。真正的直播就该是这样,没有流程表、不知道下一秒钟会出现什么画面、主持人和观众一样面对神秘莫测的未来……电视的魅力就在于此。

我一股脑把资料都摊在主播台上。戴耳机的时候,眼睛还死死盯着墙上的电视屏幕:CNN、FOX、BBC、所有的频道都出现了一个面容肃穆的主播和一遍遍反复播放的飞机撞大楼的画面。

"鲁豫,还有 10 秒!5、4、3、2、1!"

10:00 整,我出场了。

战争十日谈

第一日

• 只听刘佩琦一声惊呼:
"开打了!"我的心咯噔
一声。挨千刀的小布什和
萨达姆。

2003 年 3 月 20 日　　成都——北京——香港

这是一场张扬已久的战争。

2003 年 3 月 18 日，小布什给萨达姆下达了 48 小时最后通牒。全世界一起屏气凝神倒计时："10、9、8、7、6、5、4、3、2、1。"布什不再犹豫，咬牙切齿地说了句："Let's go."（开始吧．）一场叫嚣多时的战争就此开始。

战争打响的时候，我正坐在成都飞往北京的班机上，昏昏欲睡。

前一天晚上，我在成都代表凤凰出席了长城葡萄酒的活动，一晚上衣香鬓影，歌舞升平。回到酒店休息已是凌晨 1 点。

入睡前，我心里总是不踏实。第二天，也就是 20 日上午 9 点，48 小时的最后期限就该到了。如果这场战争真的无法避免，我就得赶紧飞回香港准备做直播。可我的机票、证件都在北京的家中，看来，我只能明天先坐 11 点的班机飞北京，再坐下午 5 点的班机飞香港，这样，最快晚上 11 点我就可以坐在主播台上了。

我翻来覆去越想越兴奋，直到窗外隐约传来早班公共汽车的声音，我才沉沉地睡去。

早上 9 点，酒店的 Morning Call（叫醒服务）准时响起。

我眼睛睁开的一刹那，伸手就按了一下搁在枕边的遥控器。凤凰卫视中文台和资讯台正在并机直播，主播台的背景是一块玻璃屏风，上面用灯光打出了《海湾最前线》。我立刻困意全无。

我飞快地收拾着行李，眼睛自始至终盯着屏幕。

电视上出现了凌晨4点的巴格达现场画面：漆黑寂静的街道、几盏路灯撒下的黄黄的光勾勒出街边一座尖顶的建筑，也许是清真寺。

我手上正抱着一堆衣服要往箱子里扔，可看着电视，人就呆住了。

巴格达太平静了，平静得让人喘不过气来。在这平静的背后，我分明感受到了巴格达的痛苦和绝望。

10：40，我关掉手机、系好安全带，准备开始两个小时的飞行。

同机的还有演员刘佩琦，我看过他的戏，但不认识他，所以没有打招呼。

10：50，我正裹着毛毯睡觉，听到刘佩琦惊呼了一声："开打了！"

我的心咯噔一下。挨千刀的小布什和萨达姆！

飞机一落地，我的手机刚打开，公司的电话就从香港打来了："鲁豫，你要尽快回香港！"

回家呆了1个多小时，下午3：00我拎着箱子又往机场赶去。

在车上我给同事高雁打了个电话，她正在北京筹备凤凰7周年台庆晚会。

"打仗了，你还在莺歌燕舞呢，有没有商女不知亡国恨的感觉？"

正在闲聊，窗外竟哗啦啦地下起雨来，刚刚还艳阳高照的天变得阴沉可怖。挂上电话，我呆呆地看着豆大的雨点不断地砸在玻璃窗上，心里突然充满了哀伤，眼泪也一串串地滚落下来。

我去过伊拉克。巴格达、巴士拉、乌姆盖斯尔港，我都去过。

我还认识那的人，比如那个敦厚老实的英文翻译穆罕默德。1999年11月的伊拉克，外国摄影队简直是寸步难行。每到一地，我们就会被警告，这个角度不能拍，那个角度也不能拍。穆罕默德翻译给我听的时候，我总做出服从命令的样子，然后趁他不注意，就对摄像眨眨眼，要他偷拍。温柔敦厚的穆罕默德后来急了，他几乎是带着哭腔哀求我："鲁豫，求求你，他们不让拍的时候千万别拍!我可有5个孩子啊!"

他的话和恐惧的眼神令人心碎，我立刻命令摄像关掉机器，然后对穆罕默德郑重承诺："从现在开始，我一定听你的话。"

相处10天后我们在伊拉克、伊朗边境告别时，我不顾伊斯兰的风俗拥抱了他。穆罕默德显得很羞涩，而我的心里充满了不祥的预感："我们走了，他却还要留在这里，天知道今后会发生什么事?"

也许是一语成谶吧。

10天的经历使伊拉克对我而言不再仅仅是一个名字。就像秋雨老师在《千年一叹》的补记中写到的：从今以后，那里的全部冷暖疼痛，都会快速地传递到我的心间。

第二日

• 我在开场白中用了"狂轰滥炸"来形容"斩首行动"，何亮亮纠正说："从这场战争开始，这个词可能就不存在了。昨晚美国使用的全部是精确制导炸弹。"

• 隗静、肖燕凌晨遭美军驱逐。

和曹景行先生一起直播《海湾最前线》。

昨晚 11 点整，我坐到了主播台上，对于凤凰的直播情况已基本了解：我们采用美国 FOX 电视台的画面，在华盛顿、纽约、伦敦、巴黎、悉尼、莫斯科、安卡拉有常驻记者，这一次还派了闾丘去安曼，隗静随美军进入了科威特，沈玫琦在多哈的美军中央司令部，莫乃倩在罗斯福号航空母舰上。

"惟一美中不足的是我们在巴格达没有记者。"这个念头在我脑子里一闪而过，我还是在心里骂了自己一句，"你也太狠心了，中国记者都撤出来了，你还派人进去，去当炮灰吗?有本事你自己去!"

今天香港所有的早报都用了"斩首行动"作为标题，来形容昨晚可怕的空袭。《华盛顿邮报》则披露：战争比原计划提前了 9 个小时。原因是 CIA 在伊拉克的特工人员获得了可靠情报，萨达姆和他的高层官员正在某政府大楼内开会，至少 3 小时内不会离开。中情局局长特内立刻将情况禀告了布什，布什沉思片刻（这是我的想象），在北京时间 3 月 20 日上午 10：24 说出了："Let's go!"战争就此开始。天知道，当时布什在想什么。

昨晚我一直直播到凌晨，今早 7 点起床，算了算，又睡了不到 5 个小时。

上午 10：00，我和时事评论员何亮亮继续主持《海湾最前线》。玻璃屏风上又打出了一行小字："战争第二天"。

我在开场白中用了"狂轰滥炸"来形容"斩首行动"，何亮亮纠正说："从这场战争开始，这个词可能就不存在了。昨晚美国使用的全部是精确制导炸弹。"

说来奇怪，传统的刺刀见红的战争我更能接受一些，因为，它至少公平。而这种高科技的电子游戏一样的战争太冷静了，因为冷静，则更显得残酷。

公司里突然弥漫着一种久违了的集体生活氛围：所有的主持人、评论员都埋头于电脑前、报纸堆里，那样子像极了上学时大考前夕的晚自习教室。中午和傍晚时分，管后勤的同事 Betty 就定好了盒饭由大家各取所需。

这种大家庭似的共产主义生活永远对我有着巨大的吸引力，我开始变得很亢奋。

在科威特美军军营采访的隗静、肖燕今天凌晨遭美军驱逐，美方的理由是他们拍了不该拍的东西。隗静和肖燕是在士兵的监视下收拾行装被立刻赶出营地的。深更半夜，他们俩就被扔在了军营外。而军营离科威特城的市中心还有几十公里。听说隗静在鬼子走了之后就放声大哭，边哭边给香港总部打电话。总部连夜跟美国国防部、国务院进行了交涉，得到的答复都是：他们拍摄了不该拍摄的，所以美国军方取消了他们的随军采访权。

我是今天上午来到公司后才听说的。

我的第一反应是：因为隗静和肖燕是在科威特美军军营采访的惟一的中国记者，美国人对他俩当然会格外警惕。话说回来，既然放在身边不放心，不如找个借口把他们赶走，一劳永逸，省得每天派人盯着。大敌当前，美军连自己都顾不了，还管什么新闻自由。

其实，不让采访一点也不可惜，我都能想像得到，跟着美军，只能看到他们想让你看到的东西。

我倒是担心隗静，怕她咽不下这口气。

隗静是凤凰驻华盛顿的记者，平时专跑白宫、五角大楼的新闻。我们没有见过面，从电视上看，我觉得她个子小小的，是个特别可爱的女孩，胡一虎对她的形容是：她的脸上写满了认真。由于常去五角大楼的新闻发布会，美国国防部长拉姆斯菲尔德、副国防部长沃尔夫威茨都对隗静留下了深刻的印象，记者提问时，总不忘指指她："让这个中国女孩来问。"

第三日

- "间丘想去巴格达！"刘春神秘兮兮地说。
- "太危险了吧！公司同意吗？"我突然有种直觉，间丘一定会进入巴格达。

我真是没想到，一场媒体大战已经展开。

战争开始前，我曾经问过老公："你觉得这次中央台会转播吗？"

"肯定会！"老公的回答毫不犹豫。

果然，20日开始，中央电视台1套，4套拉开架势，对战事进行全方位的报道。

他们的优势是显而易见的：最权威的军事专家、充足的人力资源，而我们呢，每天定的盒饭超不过30份。但凤凰上上下下早就习惯了，以羽量级之身打重量级之战。

说句实话，这种前所未有的竞争让人紧张，更令人兴奋。

香港的气氛越来越紧张，"非典"搞得人心惶惶。今天睡了个懒觉，中午起床去公司的时候，正赶上午休，附近写字楼的"白领"都三五成群地出来吃饭。远远望去，一片深色的西装、套裙之外，每个人的嘴上都严严地捂着一个大口罩。那样子，既滑稽又恐怖。

来到公司，一推化妆间的门，我又吓了一跳。发型师阿Ray和化妆师Santos都戴着样子奇怪的口罩，它不是平平软软的一片趴在脸上，而是圆鼓鼓、硬邦邦的，有点像胸罩。

我扑哧一下就乐了："你们俩太夸张了吧！'非典'有那么可怕吗？"

"当然可怕，香港已经有几十个人染上了！"阿Ray两眼瞪得溜圆。因为整张脸都被遮住了，所以眼睛显得特别大，眼神里显露出恐慌。

看阿 Ray 的眼神中，是否透出恐惧。

唉，香港人真是挺惨的，金融风暴后，股市跌、楼市跌，现在又来了让人不知该往哪躲的"非典"。

"我要不要也戴一个？"阿 Ray 和 Santos 在我身边晃来晃去，两只白口罩对我造成了巨大的心理压力。我突然觉得，空气中飘浮着的微小病菌都被我一个人吸进了肺里。

"给你！"阿 Ray 得意地递过一只口罩。

于是，我也变成了口罩党。

戴上口罩，我开始放心地在公司四处转了一圈，结果又听到一个坏消息：

闾丘和摄像陈汉祥在安曼通往约旦、伊拉克边境的公路上出了车祸。他们乘坐的面包车撞上了前面的油罐车，谢天谢地，当时车速不高，闾丘的脸上擦破了一块，陈汉祥则是颈部受伤，已经扛不了机器了。

晚上，看到了闾丘传回来的新闻，镜头里的她，右边脸颊上贴着一小块胶布，嘴唇干干的，人瘦了不少，一副风尘仆仆的样子。

看这段新闻的时候，我正坐在刘春的办公室里。

"唉，你觉不觉得闾丘特漂亮?!"我半是问刘春半是自言自语。

"漂亮，是漂亮!"刘春的眼睛一眨不眨地盯着电视，"闾丘啊，天生就该做记者。你看，她在这种环境里，显得多自如，多有光彩!"

闾丘正站在约旦政府为伊拉克难民搭建的帐篷前，一头短发被风吹得乱蓬蓬的，可是，就像刘春说的，她看上去真是光彩夺目。

一个人，在适当的时间出现在适当的场合，就能散发出光芒。

"闾丘想去巴格达!"刘春神秘兮兮地说。

"太危险了吧?公司同意吗?"我突然有种直觉，闾丘一定会有办法进入伊拉克的，我的直觉一向很准。

第四日

• 嘉耀的节目——军情观察室，是凤凰这次直播的一匹黑马。他请到的军事评论员马鼎盛是粤剧名伶红线女和马师曾的儿子，说的一口地道的京片子，把原本枯燥的军事理论说得像评书似的好听。

* 对我来说钦佩是个很重的词，我很少钦佩谁，可从这一刻开始，我真的钦佩间丘。

今天竟然在公司见到了文涛。之所以用了竟然两字，是因为，凤凰由于要全面直播美伊战争，已暂停了所有的娱乐节目。

"咦，你怎么来了?"这是我冲他说的第一句话。

"你这是什么态度?怎么一到有大事发生的时候，我就不能参与参与?"我和文涛是感情很好的朋友，在一起时总是贫来贫去的。只是，不管我们有多要好，这么多年，两人之间就是擦不出一丁点火花。这让我很是郁闷。倒不是我暗恋文涛，只是我常常因此而怀疑自己的女性魅力。后来我想通了，这跟魅力没关系，我不是也没看上文涛吗?

原来，文涛是被院长一个紧急电话从深圳叫到香港来的，公司希望他能做一档节目，用嬉笑怒骂的轻松方式表现这场战争。

"我什么都不知道，怎么做啊?"文涛一发愁，两条眉毛就成八字状，很有喜剧效果。

"文涛哥，这是我给你找的资料!"正说着，文涛的助手小蓓把小山似的一撂报纸重重地放在了主持人休息室的桌上，一边甩着两只细细的胳膊一边大口喘着气："沉死了!"

我幸灾乐祸地坏笑起来。不过，我心里有数，文涛是个天才，别看他成天风花雪月的，对国际形势好像漠不关心，可只要给他几个小时，他就能把这场战争说得活灵活现，就像他一直呆在萨达姆或小布什身边似的。

马鼎盛、文涛、嘉耀在《军情观察室》里。马鼎盛和嘉耀像特种兵，
文涛像伙房。

董嘉耀真是可爱！

美伊开战以来，他每天穿件迷彩服在公司里风风火火地走来走去，他长得又壮，远远看去，真像个特种兵！

嘉耀的节目——《军情观察室》，是凤凰这次直播中的一匹黑马。他请到的军事评论员是香港文汇报的高级编辑马鼎盛。马鼎盛是粤剧名伶红线女和马师曾的儿子，说的一口道地的京片子，对所有的武器装备都了如指掌，而且口才极佳，把原本枯燥的军事理论说得像评书似的好听。

《军情观察室》一推出就大放异彩，这让嘉耀兴奋不已。他本来就是个工作狂，太太晓文去巴黎上学又不在身边，一开始院长还不放心，每天督促他：

"嘉耀啊，晓文不在家，你就在公司呆着，多干活，省得出事!"

这几天院长看嘉耀天天架着膀子在公司里忙前忙后，又录《军情观察室》，又录《时事开讲》，还帮忙统计订盒饭的人数，该他休息的时候还大着嗓门发感慨："打仗了!打仗了!"不到半夜不回家。院长又发话了：

"嘉耀，没事赶紧回家，别老在公司呆着，注意休息!"

嘉耀是个听话的孩子，他于是困惑地问院长："您不是不让我回家吗?回家了，出事怎么办?"

今天我见到嘉耀，他哑着嗓子对我说："我累得不行了，这两天又咳嗽又打喷嚏，可能生病了!"

我立刻神经质地用手捂住口罩，把自己憋得喘不过气来。正好，梁文道从旁边经过，他立刻起哄："天哪，嘉耀得了'非典'，大家注意，珍惜生命，远离嘉耀!"

下午5点，刘春又一脸神秘地跑到主持人休息室来找我："闾丘要进巴格达了!"

"真的!"我兴奋得心里怦怦直跳，"闾丘太厉害了!她怎么进去的?"

"她有伊拉克签证。刚才打电话给她，她的手机已经关了，我估计，她十有八九是在路上了!"

"公司同意她去吗?"

刘春摇了摇头没说话。我其实也猜到了答案。从公司的角度，一定不会鼓励员工冒着生命危险深入战区，可是，以闾丘的性格和对新闻的执著，她绝不会容忍自己到了伊拉克边境却不进去。

对我来说，钦佩是个很重的词，我很少钦佩谁。可从这一刻开始，我真的钦佩闾丘!

第五日

- 时事评论员杨锦麟在外面大发感慨："唉，间丘让我们这些老爷们汗颜哪！"
- 文涛的父亲老实本分，对《锵锵三人行》横竖看不上。"你总在节目里说一些乱七八糟的事，害得我和你妈在外面都抬不起头。"这次却狠狠表扬了文涛的《海湾风云录》。

间丘到了巴格达！

她和蔡晓江是开战以后率先进入伊拉克的外国记者，更是目前在美伊战争最前线的惟一一支华语采访队。

这消息真像是一枚炸弹！

我坐在主持人休息室里上网查阅资料，听见时事评论员杨锦麟在外面大发感慨："唉，间丘让我们这些老爷们汗颜哪！"

我正偷偷乐呢，文涛不知什么时候晃了进来，悄无声息地站在了我旁边。

"你怎么了？"我抬眼看了看他。文涛没精打采，脸色惨白。

"我失眠了，昨天一晚上都没睡着，看那些资料看的！"文涛愁苦而又茫然地望着前方。

文涛在战争期间推出了一档每天 30 分钟的新节目——《海湾风云录》，用他铁嘴钢牙的口才，大话美伊战争。

每天 30 分钟的节目，真够文涛受的，难怪他眼睛都直了。不过，《海湾风云录》实在很好看。

当文涛讲到萨达姆在巴格达地下 60 米的藏身之处，他就给观众播电影《地道战》的片段；讲到布什和布莱尔这对难兄难弟如何不顾国际间的反对发动了这场战争，开战以来又相濡以沫、互相扶持，他就配上《树上的鸟儿成双对》，配的画面也净是些两人勾肩搭背、眉来眼去的。尤其是唱到最后一句"比翼双飞在人间"时，画面变成了慢动作，只见布什轻轻地扶着布莱尔的胳膊，两人面露幸福的微笑向前走去。看到这，我笑得几乎喘不过气来。

《海湾风云录》备受好评。最难能可贵的是，文涛的爸妈居然从石家庄打来电话，狠狠地表扬了这个节目。这让文涛顿感心愿已了，人生再无意义。因为，文涛的父亲老实本分，一生规规矩矩做人，对文涛的招牌栏目《锵锵三人行》横竖看不上。经常打电话告诫文涛："你要虚心地向中央台的播音员学习！"老人还常常写信教育文涛，文涛给我念过一封，其中有一段是这么写的：

"你总在节目里说一些乱七八糟的事，害得我和你妈在外面都抬不起头来，走路都要低着头。"

老人不知道，那正是"锵锵三人行"最受欢迎的时候。

如今，文涛最看重的人终于肯定了他的努力，难怪他今天一见到我，脸就笑成了一朵花："我爸说，这节目好看！"

从今天开始，凤凰在对战争进行 24 小时全天候直播报道的同时，将重点放在其中 4 个时段：早上 7 点—9 点，中午 12 点—2 点，晚间 6 点—8 点，深夜 12 点—2 点。我负责晚上 6 点—8 点两个小时的直播，这期间，除了随时插播外电有关战争的最新画面外，闾丘从巴格达发回的现场报道是观众最关注的。

我和闾丘今天的卫星连线定在北京时间晚上 7 点，巴格达时间下午 2 点。这是闾丘和香港总部失去联系 7 个小时，进入巴格达后第一次出现在屏幕上。

7 点整，卫星线路准时接通。

闾丘穿着厚厚的风衣，神情专注而镇定地站在伊拉克新闻中心的楼顶，身后的天空被沙尘暴刮成了恐怖的暗红色。

一个女性，出于单纯的对新闻的执著和热爱，在战火纷飞的时刻，将个人安危置之度外，勇敢地站立在战争的最前线。这幅画面，很美，还带着那么点悲壮！

"闾丘，你好，看到你真高兴！"我觉得自己的声音有些发颤。

闾丘语气平静地描述了她和蔡晓江进入巴格达的过程：从约旦、伊拉克边境出发时天已经黑了，明知道美军的轰炸常常在晚间进行，她和晓江还是大着胆子往前走。一路上，随处可见被炸毁的汽车，路面也被炸得坑坑洼洼。一个小时后，他们途经一个小镇，遇到了群情激动、手握长枪的伊拉克人。伊拉克人请闾丘去采访镇上的医院，那里住着几十个被美军炸伤的平民。

采访结束后，闾丘和晓江顾不上休整，继续赶路。

经过 12 小时的颠簸，他们进入了巴格达。

"鲁豫，卫星时间还有两分钟！"导播通过耳机提醒我。

我于是拿起了直播开始前刘春交给我的信。

"闾丘，我这里有一封信，是所有凤凰人写给你和晓江的。"

我看到闾丘兴奋得笑了。

"闾丘、晓江，你们好！昨天，在和你们失去联系的几个小时里，公司上上下下焦急万分。当得知你们已进入巴格达的消息，我们更是为你们牵肠挂肚。希望你们注意安全，保重身体，平安归来！"

念信的时候，我尽量让语气平静，否则，我真怕自己会流泪。

间丘笑得开心极了，她一把拽过摄像蔡晓江（注：卫星连线的时间是凤凰向美联社购买的，设备、技术人员由他们提供，所以我们的摄像蔡晓江才站在一旁。）让观众也见见这位幕后英雄。晓江是个敦敦实实的香港小伙子，平常话不多，他原本是去约旦接替受伤返港治疗的摄像陈汉祥，结果一到安曼就义无反顾地和间丘一起进入了巴格达。

"间丘、晓江，请你们保重，我们都为你们感到骄傲！"

幸好这时卫星时间到了，再说下去，我真的快控制不住自己的情绪了。

我和间丘。

第六日

• 突然，导播火急火燎地冲了进来："鲁豫，快！萨哈夫的记者会！"

我一听，从椅子上弹起来，抓起杯子就往主持台冲。

美国某家电视台的美伊战争直播我是越来越看不下去了。他们的女主持人永远穿着短得不能再短的裙子，两条白晃晃的大腿始终在画面的正中央，想不看都不行。

比女主播的美腿更让人难以接受的是他们的立场。从战争一开始，他们所表现出的轻松、欣喜和兴奋常常让我怀疑：他们是在直播战争吗？怎么看起来更像是美国总统大选，甚至是一场嘉年华会？

其实，美国几大电视网这次的表现都令人失望。

画面上永远是美军的坦克车、装甲运兵车在沙漠上风驰电掣，再不然就是一排排的美军整齐地坐在军营里通过卫星和演播室里的主持人一块儿喊口号。伊拉克士兵偶尔也会出镜，但只限于那些在公路边赤脚穿着拖鞋高举白旗投降的散兵游勇，从他们身上怎么也看不出伊拉克人骁勇善战的特质来。至于被炸伤的伊拉克平民、小朋友自然是一个镜头也没有，因为这极有可能削弱民众对战争的支持。

从昨天开始，我在直播时，尽量减少使用 Fox 传来的电视画面。我们所处的位置不同，对这场战争的态度和立场自然也不同，他们有权利播出他们认为适合的画面和评论，而我，有权利不用。

今天，Fox 出人意料地直播了伊拉克新闻部长萨哈夫的记者会。

不怕小布什或者海牙国际战争法庭和我秋后算账，我真是挺喜欢萨哈夫这个老头。战争这么激烈，他每天军服笔挺、红光满面地出现在记者面前，贝雷帽老是那么恰到好处地扣在头上。他有着一个圆溜溜的大鼻头，英文说得不紧不慢，看样子，是个好脾气的人。我猜，他可能有好几个女儿，在家，一定是个慈爱的父亲。

今天萨哈夫的记者会是在香港时间下午 4 点召开的，当时，我正在主持人休息室里看资料，准备 6 点钟的直播。突然，导播火急火燎地冲了进来："鲁豫，快，萨哈夫的记者会！"

我一听，从椅子上弹起来，抓起杯子就往主持台冲。

萨哈夫表情平静地出现在屏幕上，有那么一秒钟，我的脑子开了一下小差："萨哈夫每天躲在哪儿呢?和萨达姆、拉马丹一块呆在地下城堡里吗?"

萨哈夫的英语有着很浓的阿拉伯语口音,不太好懂。不过,连着听了两天,我倒是习惯了。萨哈夫呢,被战争推上了国际舞台,一不留神成了曝光率颇高的明星级官员,在镜头面前也找到了叱咤风云的感觉,说话越来越慷慨激昂。今天,他完全放弃了外交辞令,把美英政府比喻成:"dirty dogs"(肮脏的狗)。这倒让我挺为难。按理说,做同声传译应该忠实于原文,可骂人的话我无论如何不能在电视上说呀!万一碰上一个实心眼的观众,碰巧打开电视时正好听我说"你们这群肮脏的狗!"不写信投诉我才怪呢!我犹豫一下,还是把萨哈夫的话改成了:无耻之徒。要是这样还有人投诉,我就认倒霉了。

萨哈夫正说到兴头上,眼看着用词会越来越精彩,Fox的画面突然转回了演播室。萨哈夫可爱的大鼻头不见了,取而代之的是风情万种有着一双雪白美腿的Fox女主播。我猜是Fox那边的导播实在听不下去,于是中断了对萨哈夫记者会的转播。

一下主播台,我立刻去找院长:"我们能不能采用其他外电的图像?美国方面的报道越来越不客观了。"

其实,美伊局势刚一紧张,凤凰就找到半岛电视台,表示一旦战争爆发,希望能购买他们的新闻,以便让华语地区的观众对战争有更全面的了解。可惜,半岛电视台的态度相当傲慢,提出的条件也十分苛刻,最让人生气的还是他们对亚洲人的冷淡与不认同:

"我们对亚洲、亚洲地区的新闻不感兴趣!"

这是他们的原话。听上去让人很是不解。

第七日

- 和战场上出生入死的记者相比，我们坐在演播室里评论战争，实在是一件很奢侈的事情。
- 隗静受苦受累都不在话下，但绝不能受冤枉，尤其不能受美军的冤枉。

战争渐渐激烈起来，美军军车长驱直入的镜头没有了，美英联军士兵伤亡的消息倒是不断传来。也许，最初几天的悄无声息并不是由于伊拉克军队软弱无力，而是一种军事策略？

半岛电视台播出了被伊拉克军队俘虏的美军士兵的采访片段。美国军人真是脆弱，面对镜头时眼睛里流露出的恐惧和绝望，让人挺不忍目睹——毕竟，他们也是穷人家的孩子。

战争打乱了无数人的生活，也包括我。原本22日、24日、26日安排了《鲁豫有约》的采访，现在全部延后，而这场战争看样子短时间不会结束，要是一直这么直播下去，《鲁豫有约》就快开天窗了。

今天最令人振奋的消息就是又有水均益等三名中央台记者进入巴格达。作为同行，我能够体会他们的心情——你所关注的事件正在离你只有一步之遥的地方发生，身为记者，你一定会跨出这一步，哪怕为此要付出巨大的代价。

我很钦佩这些去伊拉克采访的战地记者。阮次山先生今天在直播中说了一句令我非常感动的话："和在战场上出生入死的记者相比，我们坐在演播室里评论战争，实在是一件很奢侈的事情。"

现在在伊拉克境内的外国记者中，处境最危险的要算随美军陆军从南北两路向巴格达进发的随军记者。这两天，美军地面部队遭遇到了伊军的抵抗，事故、伤亡不断，已经有点自顾不暇。此时此刻，随军记者面临着两难的境地：继续往前走太危险，往后撤，又没有退路。

但愿他们都能平安地到达巴格达。

这两天，世界各大城市都有规模数万人以上的反战游行，这让人觉得安慰，我们的世界还有希望，和平还有希望。可再一想，又有些气馁。老百姓的声音真能覆盖甚嚣尘上的战争叫嚣吗？

其实，制止战争不该是一件很难的事吧？如果联合国不理睬美国对伊拉克下的最后通牒，就是不撤走武检人员，不仅不撤，我再派更多的人进去，各国驻伊拉克的外交人员也都不走，我就不信，美国真有那个胆子敢炸巴格达？令人遗憾的是，大家都走了，只留下了无助的伊拉克人。

昨晚7点我和间丘的卫星连线临时被取消，因为在巴格达为我们提供卫星传送服务的美联社工作人员突然接到总部的命令：由于巴格达的情况越来越危险，美联社在当地的工作将暂停36小时，所有人员立即撤离伊拉克新闻中心，转移到安全地带。间丘把这个消息通知了凤凰，高层的第一反应是，美国一定是准备轰炸新闻中心，至少是准备轰炸新闻中心附近的地方，所以第一时间通知了自己人。凤凰高层于是命令间丘和晓江，立刻转移。

果然，伊拉克新闻中心大楼今天被导弹击中。开战之前，几家外国电视台把摄像机架在了新闻中心大楼的顶部，每天自动从不同角度拍摄巴格达市区。新闻中心被炸，楼顶的摄像机也遭到了不同程度的损毁，今天传送到各地的画面都是黑白的，而且画面上有一点一点的痕迹，好像是镜头上溅满了泥点。

这些惊天动地的幕后消息都是午饭时刘春告诉我的。

连续吃了好几天的盒饭，我现在已经见不得纸盒模样的东西了，一想到把滑蛋牛肉、咖喱鸡放在盒子里就想吐，于是中午和刘春、钟老师一起到"潮州姑爷"正经吃了一顿饭。吃饭的时候

阮次山先生说，我们在演播室里评论战争，实在是一件很奢侈的事情。

还颇有些愧疚感，觉得自己挺腐败的，前方打着仗，后方却在大鱼大肉。

自从战争开始以来，刘春俨然成了凤凰的弗兰克斯，每天向大家发布各种各样的小道消息，准确率高达100%，比在多哈的美军发言人布鲁克斯强多了。

"隗静和肖燕也要进伊拉克了!"这是刘春在午饭时告诉我的第二个新闻。

"真的!"我当时正在吃一种叫"大眼鸡"的鱼,一听说凤凰又有人去前线,眼睛瞪得大大的,很像盘中的"大眼鸡"。

自从隗静和肖燕被美军无理驱逐,离开科威特美军军营后,就一直驻守在科威特城。每天采访新闻之余,也一直在和美军交涉,要他们给个说法。隗静是个执著倔强的北京女孩,受苦受累都不在话下,但绝不能受冤枉,尤其不能受美军的冤枉。

昨晚,隗静接触到了国际慈善机构——红新月会驻科威特的工作人员,得知他们今天一早要运送 7 卡车的救援物资到伊拉克南部的乌姆盖斯尔港,于是提出要跟车队进入伊拉克。红新月会同意了,并且叮嘱隗静和肖燕,早晨 7 点天刚亮就出发,以避开其他外国记者。我猜,一定是隗静的诚恳打动了红新月会的人。

我看看表,香港时间中午 1 点 15 分,科威特时间早晨 7:15,按计划车队应该已经出发,正在前往乌姆盖斯尔的路上。

下午 4 点,我和编导们一起开准备会,讨论晚上 6 点—8 点的直播。主播告诉我,因为当地的沙尘暴天气,红新月会的救援物资车队刚刚出发,比原定时间晚了整整 3 个小时。

6:30,我按原计划和隗静做了电话连线。

隗静已经到了科威特边境,但过程远没有想象的顺利。先是因为沙尘暴天气,路面能见度太低,车队出发的时间一拖再拖。当上午 11 点,沙尘渐渐退去,车队终于可以启程时,已经有上百位记者闻讯赶来。交涉的结果,就是在红新月会的 7 辆大卡车后面,再浩浩荡荡跟上两辆传媒乘坐的大客车。红新月会方面倒没损失什么,只是苦了隗静和肖燕,本来的独家消息变成了人人有份的大锅饭。

电话里隗静的声音听上去情绪还不错，只是周围的环境有些嘈杂，她说话时几乎要扯着嗓子：

"鲁豫，现在科威特方面的边防要所有的记者坐车返回科威特城，我们还在争取，希望能够进入伊拉克。鲁豫，我不能再说了，他们要我挂上电话。OK，OK，I'm getting off right now.（好了，好了，我打完了。）"隗静匆匆收了线，她刚才一定是在和身旁的科威特士兵说话。

隗静和肖燕最终还是随车队进入了伊拉克南部，在物资分发完毕后，又连夜赶回了科威特城。

第八日

• 我心里突然有一种不安的感觉

"鲁豫，又有新闻了！"中午一到公司，我的手机竟然响了。这倒真是新闻了。从 20 日《海湾最前线》直播开始，我的手机就好像死了一样。朋友们都知道我播战争播红了眼，于是谁也不找我。就连老公，也是每天苦等我的电话。

电话是刘春打来的："闾丘、蔡晓江、水均益他们今天一起撤离伊拉克。"

"真的？！他们会走哪条路线？路上会不会有危险？"我心里突然有一种不安的感觉。

由于约旦、伊拉克边境已经关闭，闾丘、蔡晓江和中央台的水均益、冀惠彦、杨小勇将前往叙利亚首都大马士革。他们 5 人租了一辆吉普车，为了防止美英联军或伊拉克军队的袭击，还在车身上用不干胶贴上了大大的 TV 两个字母。司机是伊拉克人，很有经验。只是，巴格达通往伊叙边境的公路被炸了，他们只能走另一条以前从没走过的路。这着实令人担心。

晚上 12：00，我在临睡前又看了一眼电视，凤凰资讯台终于打出了一行字幕：本台记者闾丘露薇、蔡晓江等中国记者已安全进入叙利亚，中国驻叙利亚大使馆工作人员前往边境迎接。

第九日

• 这世界是怎么了？又打仗、又非典，连张国荣这样追求完美的人也选择如此极端的方式离开人间。哎！！！

今天完全不用担心被骗。又是打仗又是"非典"，没有人会不识趣地在这种非常时刻拿人开心。所以，今天我不设防。

下午，Santos 边给我化妆边戴着口罩瓮声瓮气地说："你明天回不了北京了。"

"为什么？"我闭着眼睛随口问了一句。

"你没听说吗？再过两个小时，下午 5 点吧，香港就会宣布为疫区了。"Santos 显然很得意，这么大的消息我竟然不知道。

"什么叫疫区？"我刚才还在打瞌睡，这下立刻清醒了。

"成了疫区就要封港啊！到时候谁也不能进出香港。"Santos 怪怪的，听上去很兴奋的样子。

"真的吗？"我急了，不让我回北京怎么可以，真要有什么事，我死也死在家里啊！

"明报网站都登了！"Santos 举着刷子要给我打腮红，我一下子推开他的手，朝门口冲去。

一出门正碰上蓓蓓姐："香港是要宣布疫区了吗？"

"大家都这么说，等一下港府会开记者会的。"大概蓓蓓姐看出我一脸的焦急，于是问我，"《鲁豫有约》的节目还有存货吗？"

"本来是有的。可这一打仗，我在香港连续直播了13天《海湾最前线》，那两集以前拍好的节目全用光了！"我简直一筹莫展。

我苦着脸回到了化妆间，Santos和阿Ray正聚精会神地围坐在电视机前。

"记者会吗？已经宣布是疫区了吗？"我也拉了把椅子坐下。

"这下你不用担心了。港府辟谣了，没有疫区这回事。是一个中学生在网上编的谣言。"Santos站起身，准备给我继续化妆。

"小兔崽子，竟然戏弄了全香港人！"我悄悄地骂了一句，悬在心里的石头总算落了地。

今天我的第一个任务是拍摄宣传片。

在这次美伊战事直播中，凤凰有不少很好的创意，充满人文关怀的宣传短片就是其中之一。被炸伤的伊拉克儿童、失去亲人后呼天抢地的巴格达妇女和被导弹摧毁的街道、民居，这些令人落泪的画面配上雄浑的音乐，有一种震动人心的力量。既充满人性，又表明立场。

我喜欢凤凰的态度。

郑浩曾经在3月初伊拉克局势颇为紧张的时候到巴格达采访，陪同他的伊拉克翻译名叫阿尔扎比。郑浩和他成了朋友，还应邀去他家做客。郑浩喜欢摄影，他给阿尔扎比一家十几口人拍了不少照片。3月20日战争一打响，郑浩曾经在直播中和阿尔扎比通了电话，两人有一段极感人的对话：

郑浩："Hello! Don't be afraid.I'm your friend from China. Are you all right?I'm so worried about you and your family."（你好，别害怕，我是你的中国朋友。你还好吗?我非常担心你和你的家人。）

阿尔扎比："I'm OK.Thang you for your concern, my friend."（我很好，谢谢你的关心。我的朋友。）

郑浩："Take care, my friend."（请多保重，我的朋友。）

郑浩拨通电话已是香港时间凌晨两点钟。我当时刚刚做完直播回到家里，听完这一段对话我发现自己已是泪流满面。

三天后，凤凰完成了宣传片：郑浩和伊拉克朋友阿尔扎比。

第一个画面：郑浩和阿尔扎比一家人的合影，并配有字幕：2003年3月5日，那一天，他的家，很多人，很温暖。

第二个画面：巴格达被导弹轰炸，字幕，2003年3月20日。

第三个画面：郑浩在和阿尔扎比通话，阿尔扎比的声音非常镇定。

第四个画面：（郑浩的画外音：我相信，我们一定会再见面的。）阿尔扎比满面微笑的照片，最后推出字幕：阿尔扎比，我的伊拉克朋友。

我的宣传片中采用了1999年"千禧之旅"摄影队在伊拉克的几个画面：我在巴比伦古城、伊拉克国家博物馆和阅兵广场。宣传片有一段画外音：1999年，我来到了伊拉克。而现在，我每时每刻都在关注着，我曾经亲近过的每一寸土地，在一天、一分钟、一秒钟后，他们还会存在吗？

郑浩和阿尔扎比一家人（中间为男主人阿尔扎比）"那一天，他的家，很多人，很温暖。"

这正是我十几天来每天都在问自己的问题。

晚上 8 点，我正和文涛、刘春、高雁、梁冬一起吃饭，高雁接到了公司跑娱乐新闻的记者小蓓打来的电话：张国荣从文华酒店24 层楼上跳下自杀了。全香港的娱记都已赶往文华。

我们都蒙了。所有人的反应都是小心翼翼的：是不是愚人节的恶作剧？

高雁想了想，也不放心，于是再打电话给小蓓。

小蓓的回答是："是真的，香港各家电视台都报道了有关的消息。"

这世界是怎么了？又打仗、又是非典，连张国荣这样追求完美的人也选择如此极端的方式离开人间。哎！！！

第十日

• 这家博物馆究竟收藏了些什么？分明是一屋的空缺，一屋的悲怆，一屋的遗忘。

我和《鲁豫有约》剧组昨天到了上海。这次，我们要采访陈冲、秦怡、张瑞芳和"傻子"年广久。

上海人对战争和非典好像都不太关心。淮海中路上满街的红男绿女穿着夏装不紧不满地走着，那份悠闲也感染了我。

可是，一回到酒店，我还是立刻打开电视。这几天，伊拉克的情形很不好。战争基本结束了，可巴格达、巴士拉都出现了严重的无政府状态。穷困的老百姓成群结伙地在光天化日之下抢劫商店、政府大楼，甚至银行、博物馆。让人不解的是，美军竟然不理不睬。

今天，凤凰资讯台报道了伊拉克国家博物馆遭到哄抢的消息，据说有至少 17 万件珍贵文物不知去向。

这让我心疼坏了。

我参观过那座博物馆，那是 1999 年 11 月。

虽然贵为国家博物馆，可当时从外表看它就像是一座简陋的办公楼，楼外的院子长满了荒草。馆内的情况也好不到哪去，每一个展厅都空空荡荡的。博物馆方面的解释是，1991 年海湾战争前，所有的展品都被装箱运往了安全的地方，博物馆已经关了 9 年。现在，他们刚开始重新布置展厅，为的是 2000 年能接待参观者。我们"千禧之旅"摄制组是 9 年里博物馆接待的为数不多的几个参观团之一。

那天馆方只允许我们看伊斯兰展厅。大厅里又脏又乱,不少石碑、雕像就随随便便地搁在地上。那么炎热的天气,大厅里连空调也没有,伊拉克人对待文物大大咧咧的态度让我又吃惊又羡慕:他们的宝贝一定是太多了,所以才有这种满不在乎的豪气吧?

秋雨老师在《千年一叹》中,对博物馆的描述竟然写出了它4年后的惨状:

"我很难过,心想,这家博物馆究竟收藏了些什么?分明是一屋的空缺,一屋的悲怆,一屋的遗忘。"哎,又一个一语成谶!

电视上正播放着被抢掠一空的伊拉克国家博物馆:原先摆放着古典文献的玻璃桌面被打碎了,地上有几个石头人像,已经是缺胳膊少腿,正东倒西歪地摞在一起。一个矮矮胖胖的伊拉克妇女正趴在一个头戴钢盔的美国大兵身上哀哀痛哭。我的心里咯噔一下,那妇女像极了1999年陪同我们参观的博物馆馆长。

美国方面的借口是:他们的兵力有限,腾不出人手去维持社会秩序。

可是,他们却有时间去砸毁拉希德饭店门口铺设的有损老布什形象的马赛克画像。

听到这则新闻的时候,我正在洗脸。一听见拉希德饭店和老布什画像,我顾不上拿毛巾,就滴着水跑到电视前,想看看1999年我曾经住过10天的地方。可惜,美军砸碎画像的场景我大约是错过了,只隐约看到饭店的大门口。

拉希德饭店是巴格达惟一一家号称五星级的酒店,以1999年时伊拉克人的生活水平来看,它的设施和服务的确不错。大厅的地面是大理石的,早餐很丰盛,有煎蛋、面包、鲜奶和伊拉克蜜枣。酒店附设的几家古董店专卖价格不菲的珠宝、名表和银质餐具。店主们只收美金,每天的收入估计少不了,该算是伊拉克先富起来的一部分人。饭店房间里铺着的床单、浴室里挂着的毛巾都是干干净净的,可用手一摸,才发现,已经洗得变硬了。从1991年到1999年,多年的经济制裁让伊拉克人过着物质极度匮乏的日子,连"豪华"的拉希德饭店也不能幸免。

　　在拉希德饭店大门口的地面上,就镶嵌着那副著名的老布什漫

伊拉克国家博物馆。
我背后的石碑不知道
是否躲过了美英的炮
火和暴徒的抢掠?

画像。画上的老布什尖嘴猴腮、三角眼,下面还有一行英文字:Bush is guilty.(布什有罪)画像设在入口处,用意明显,要每天进出的人在布什身上踏上亿万只脚,让他永世不得翻身。

住在拉希德的那 10 天里,每天进出大门口对我来说挺别扭的。我觉得老布什一把年纪了,不好意思天天在他脸上踩来踩去的。于是,每次我都小心翼翼又显得漫不经心地贴着门边走进大厅,还生怕伊拉克人看到对我有意见,觉得我和老布什沆瀣一气。

这幅画像一定是小布什心里的一根刺。

新闻里说:"美军士兵冲到拉希德饭店,砸碎了画像,并收起了其中一块碎片,准备回国后,交给小布什,并且对他说:'一切都结束了。'"

新闻里还说,拉希德饭店的商铺也被抢掠一空。

无论如何,战争看来已经结束了。

又及:

隗静和肖燕于 4 月 5 日从科威特城经那西里耶辗转 8 个小时后进入巴格达。在此之前,美军已向隗静道歉,表示误会解除,欢迎她重新随美军采访。隗静的态度让人觉得解气,她冷冰冰地说:"谢谢,不用了!"估计,那个美军军官被她噎得直翻白眼吧。

4 月 15 日,间丘和蔡晓江再次进入巴格达。

从 3 月 21 日到现在,郑浩始终打不通阿尔扎比的电话。

同　事

• 几年的相处, 我们之间竟然没擦出一丁点罗曼蒂克的火花。文涛说, 和你们俩在一起, 就像左手摸右手, 一点感觉也没有。

窦文涛

文涛、许戈辉和我是凤凰最早一批主持人。1996 年刚从内地到香港的时候,我们每天一起工作一起玩,成了感情深厚的朋友。可是,几年的朝夕相处,我们之间竟然没擦出一丁点罗曼蒂克的火花。用文涛的话说:

"和你们俩在一起,就像左手摸右手,一点感觉也没有。"

慢慢地,大家工作越来越忙,见面的机会就少了。偶尔在公司看到行色匆匆的文涛,我和许戈辉总是做哀怨状:"你什么时候请我们吃饭?"

文涛老是嘿嘿地坏笑着:"惟女子与小人难养也,近之则不逊远之则怨。"

三个人好不容易凑在一起吃顿饭,文涛的电话总是没完没了地响个不停。

一天,我们相约在公司附近的大排档吃饭。正是午休时间,几十张圆桌都坐得满满的。我们三个人挤在一个角落,手举了半天才有服务员过来帮我们点菜。

终于饭菜上齐了,大家刚要举筷,文涛的手机叽里呱啦地响了起来,刺耳的声音在乱哄哄的大排档里都听得清清楚楚。

文涛对着话筒一阵喃喃细语,听得我跟许戈辉两人龇牙咧嘴直喊受不了。

几分钟后,文涛挂上电话,扔下一句:"我有事,先走了!"丢下我和许戈辉对着桌上的梅菜蒸豌鱼和咸蛋肉饼直运气。

"这家伙,重色轻友!"许戈辉笑着骂了一句,开始埋头吃饭。

我使劲点头表示赞同,然后往嘴里塞了一大块鱼肉。

“不对啊!”许戈辉突然抬起头来,吓得我差点被鱼刺卡住喉咙,“咱们也是色啊!”

在凤凰,我被认为是最有语言天赋的。只是,来香港7年了,我还是一句广东话也不会说。倒是文涛,因为在广州工作过几年,所以一到香港就是满口流利的粤语,让我羡慕不已。但羡慕之余,我也很困惑:为什么香港同事说话我听不太懂,文涛的广东话我全能懂呢?

一天,文涛坐在化妆间,发型师阿 Ray 正帮他理发,两人有一搭没一搭地说着广东话。我正趴在镜子前涂睫毛液,细细地把左眼刷好之后,转过身好奇地问阿 Ray:

“文涛的粤语说得怎么样?”

阿 Ray 的剪刀和梳子停在半空,他大惑不解地看着我:“文涛跟我说的是粤语吗?我一直当国语在听啊!”

2000 年我们一起出差去纽约,两人约好了在机场见面。

一大早,香港赤蜡角机场很是冷清,宽宽的大厅里没有几个人。我比文涛先来到美国西北航空公司的柜台前,正要打电话给他,就见远处一团鲜红的颜色飘过来。那是文涛,穿着一条能把人的眼睛刺瞎的红裤子。

“你干吗?”我怕晃,不敢看他的裤子。

“你不懂,咱们这是出国,要见的都是外国鬼子,穿红的能驱邪避鬼。”文涛一脸认真。

“算了吧,到了国外,人家看咱们俩才是鬼子呢!”

上了飞机,空中小姐立刻笑容可掬地端来一托盘饮料,用英语问道:“要喝点什么吗?”

我要了杯水,再转头看文涛,他也不理我,直眉瞪眼地冲空中小

姐说:"Tomato Juice."(番茄汁)

我很是惊讶地看着他:"说得可以啊!"

我知道,文涛的英语早就连本带利还给了老师。平常,他只会说一句没头没脑的话:"Can you help me hammer the nail in?"(你能帮我钉钉子吗?)也不知是哪个不负责任的老外教他的。所以,每次出国我都得做他的私人翻译,从填写入境表到向空中小姐要杯水喝,事无巨细都要由我为他老人家代劳。而眼下,他竟然能说出字正腔圆的"Tomato Juice",真是让我刮目相看。

文涛很是不愤:"你瞧不起我。最近我的英文好多了!"然后又嘿嘿一笑:"连你都没听出来吧!番茄汁,英文说快了就是'他妈的就死'!多好记啊!"

从香港到纽约飞了十几个小时,文涛喝了无数杯"他妈的就死"。

这以后,文涛的英语水平突飞猛进。

2002年,他和高雁一起去墨西哥做节目。一天早晨,两人约好在酒店的咖啡厅见面边吃早餐边讨论拍摄计划。文涛磨蹭,从来都晚到,高雁于是喝着咖啡耐心地等他。一会儿听见入口处有喧哗声,转身一看,文涛正面红耳赤地对着一个墨西哥侍者比比划划,嘴里执著地讲着中文:

"我的早餐券在我的同事那!"

高雁挥手刚要叫文涛,却听见文涛情急之下蹦出了一串英文单词:

"one person, one room, one day, one breakfast."(一个人,一间房,一天,一份免费早餐。)

"影帝"曹景行

• 我笑他是"师奶杀手"。

曹景行是著名报人曹聚仁的儿子,著名配音演员曹雷的弟弟。

我和曹景行先生采访十六大时在人民大会堂前留影。

现在,他是凤凰鼎鼎大名的时事评论员。

上至政府官员下到家庭主妇,他征服了一批忠实观众。我常说他是一言九鼎,因为他对国内外大事的分析评论极有可能影响到领导层的决策。

曹先生有一头时下颇为流行的灰白相间的头发,五官清秀,颇为上镜,深受成熟女性的拥戴,我笑他是"师奶杀手"。

《时事开讲》是他和嘉耀一点点做起来的。这个深夜才播出的只有 15 分钟的节目被他们做成了凤凰的名牌，这背后，曹先生付出了很多的心血。

每天午饭时间一过，曹先生就捧着满满一怀的报纸出现在公司。我闲来无事偷偷地帮他算过，他每天至少要看 20 份报纸、5 份时事类杂志、做数不清的剪报。他有个习惯，看到报上有用的信息就会影印下来，所以，公司复印机的旁边总能看到他。

一天，梁冬捂着肚子乐不可支地冲进主持人休息室。

"你怎么了？"我正趴在桌上写东西。

"我刚才去复印一份资料，发现复印机坏了。我问香港同事阿Paul 什么时候能修好，平时说话腼腆的阿 Paul 没把我逗死。"梁冬又哈哈地傻乐了一会，"他伸出大拇指指指背后，影帝都没急，你急什么？"

"影帝是谁？"我看着梁冬，不明白他怎么笑成那样。

"影帝！就是影印之帝，曹先生啊！"

许戈辉

• 许戈辉打电话是一绝。

"喂，"声音低低地，非常轻柔，然后顿一顿，再缓缓吐出3 个字："狗日的。"听上去好像是在叫"亲爱的"一样。

许戈辉有一双迷死人的大眼睛，看着你的时候总是目光迷离、满眼含情。其实，她是个近视眼，偏偏又不愿戴眼镜，买了一大包博士伦，可戴上左眼就丢右眼。索性，她就睁着眼楞往街上冲。她喜欢穿长裙，马路上一走，疾驶而过的车鼓起裙边，总惹

得司机放慢速度，看看这是何方美女。趁这当口，许戈辉就面露笑容、

窦文涛、许戈辉和我。

拖着裙角飘飘逸逸地穿过马路。场面颇为惊心动魄。

每次见到许戈辉，她总是睁着大眼睛，直直地冲我走来，直到鼻尖几乎贴住我的鼻尖，她才微微一笑："狗日的，原来是你啊。"

我们俩见面总是亲切地称呼对方："狗日的"。这个词本意不雅，可多年来早已被我们叫成了昵称，也就不觉得什么。倒是有一次，我在公司走廊里大着嗓门冲许戈辉喊："狗日的，等等我！"碰巧那天有内地电视台的同行在参观凤凰，一行人看到我正要打招呼，却清清楚楚听到我嘴里的 3 个字，不由露出惊愕的神情。我这才意识到，我俩之间的称呼难登大雅大堂。

许戈辉打电话是一绝。

"喂"声音低低地，非常轻柔，然后顿一顿，再缓缓地吐出 3 个字："狗日的。"听上去就像是在叫"亲爱的"一样。

她是个慢性子，说话又轻声细语的，总给人娴静的错觉。其实，她骨子里是个假小子，我才是真正婉约的人呢。

她喜欢运动，最近迷上了滑雪，春节时刚去了一趟亚布力，回来就跟我吹牛："两千米的滑道啊，我一溜烟就从山顶滑下来了。"

"你可以啊！"我半信半疑。

"其实，是教练推了我一把，我想停也停不住了。"

我俩曾有过一段相濡以沫的同居时代。那时，我们刚到香港，人生地不熟，住在一起彼此有个照应。说来，我和许戈辉都是个性极强的人，偏偏我俩能相敬如宾、举案齐眉，也是我们的缘分。

凤凰初期，我们的工作量都不大，人一闲就整天琢磨着该吃些什么。于是，我们相约去逛超市。我爱吃日式烤鳗鱼，她爱吃咸蛋蒸肉饼，正好这两种食品都有用保鲜膜包好的半成品，买回去只要微波炉一热就能吃。对于我们这种好吃不会做的人来说，是天大的帮助。最初的半年，把附近的小馆子都吃了一遍后，我们就顿顿在家鳗鱼加肉饼了。

有一天，许戈辉信誓旦旦地对我说："从今天开始，我再也不吃咸蛋蒸肉饼了，我劝你也别吃鳗鱼了，咱们去超市，开发些新的菜式。"

"那你自己去吧，我还是吃我的烤鳗鱼。"那一阵我天天疯狂地看影碟，窝在家里哪也不去，不像许戈辉，今天约文涛打球，明天又跑到澳门转一圈，生活得颇有情调。

"好吧，你等着。"

两个小时后，许戈辉大包小包地回来了。

"买了些什么？"我好奇地把每一样好东西都拿出来仔细瞧。在牛奶、冰激凌的下边，压着许戈辉大胆尝试的新菜谱：半打红心咸鸭蛋，一磅猪肉馅。

"走到楼下我才发现，这两样东西只能做成咸蛋蒸肉饼。"许戈辉一脸无可奈何的样子。

好人王大爷

- 一日为师，终身为父。这让我在院长面前永远英雄气短。

- 他的推理很简单：英语讲得那么好，上电视说中文会差吗？

- 人的自信有时来源于别人对你的肯定。

王大爷是谁啊？王大爷就是院长。

那院长又是谁啊？院长就是凤凰卫视执行副总裁兼中文台台长王纪言。

在全情投入凤凰之前，他一直是北京广播学院副院长，大家院长院长地叫惯了，很难改口，以至今天凤凰上上下下张口闭口都是院长，偶尔谁叫出个王台长(不用问，不是外人就是新来的)，准能让人呆呆地愣上一会儿，搞不清楚在叫谁。

广院是我的母校，所以院长既是我的上司，又是我的老师，这让我在院长面前永远英雄气短。中国人讲：一日为师，终身为父。我虽然自认为是现代女性，但内心其实颇为传统，古人的教导可不敢怠慢。院长倒是没什么师道尊严的架子，但与生俱来的大将风范，总能让他在不经意间就把我收拾得服服贴贴。

说来，我和电视结缘是因为院长。

那是1992年初，我正经历着人生第一次挫折，那些苦痛在饱尝磨难的人看来也许不足挂齿，但对我来说，那就是山崩地裂的世界末日了。

　　大学时代的我一点也不活跃，努力地读书，认真地谈恋爱就是我生活的全部。只是因为 1991 年底我获得了"北京申办 2000 年奥

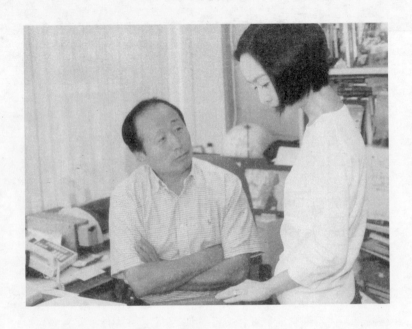

　　我和王大爷(院长)在香港的办公室里。

　　我们之间常出现照片上这样的情景。于是，我给这幅照片配了图解。

　　我(低眉顺眼、垂头丧气)："院长，'早班车'太累了，我不想做了。"

　　院长(面露慈爱、鼓励的微笑，语气却是不容置疑)："鲁豫啊，'早班车'这块牌子是你创下的，你不做哪行啊!?"

　　胳膊拧不过大腿。所以，再苦再累，"早班车"我一直做到现在。

运会英语讲演比赛"大学生英语专业组第一名,才让院方,特别是院长知道了我。于是当中央电视台到广院找主持人时,院长在不甚了解我的情况下推荐了我。他的推理很简单,也不无道理:外语系的陈鲁豫英语讲得那么好,上电视说中文会差吗?人的自信有时也来源于别人对你的肯定,院长的信任让我在1992年的春天好好地打量了一下电视和我自己。我惊喜交织,又将信将疑地发现,也许,我真的可以做一名主持人呢。就这样,我一头扎进了电视的怀抱。

我和凤凰结缘,也是因为院长。

1994年的我渴望变化,却无力改变什么,于是,我选择了离开。之后的一年,我生活在西雅图,闲散的日子里,我的内心偶尔会飘过一阵阵的悸动。我知道,我想回家了,也想电视了。

1996年初,我终于回到了北京。安顿下来后,我给从前的同事拨了个电话,电话那头立刻大呼小叫起来:

"你可回来了,院长一直在找你,赶快来凤凰会馆!"

我放下电话,糊里糊涂打了个车直奔人大,转了几圈才在人大旁边的一条小街上找到了凤凰会馆。

坐电梯上到5楼,一出电梯门就看到了院长。我原本打算用半小时的时间向院长报告我过去一年多的行踪,但院长和人聊天的特点是,寥寥数语便能跨越时空直奔主题。他记忆力极强,几年前的一场谈话,几年后再见你,他能接着聊下去,让你坐在对面心里直纳闷:我们不会昨天才见过面吧?!

1996年初春的那个下午,我坐在院长的办公室里,内心就有这样的诧异和困惑。院长不跟我废话,他简明扼要地向我描述了凤凰的宏伟蓝图,声音响亮,语调激昂。我被院长的革命激情打动了,义无反顾地加入了凤凰。

有时我想，院长其实很像雪中送炭的大侠，总在我人生略略有些暗淡的时候出现，用他的热情和革命浪漫主义把我内心的炉火点燃，等到我的眼前因为生活又有了奔头而重新明亮起来，院长这才策马扬鞭向下一个使命奔去。

只有一件事让我耿耿于怀。那天院长为了庆祝我加盟凤凰，请我在"大红灯笼"吃了家常菜。而我事后得知，他在许戈辉签约凤凰后，请她去首都宾馆吃了日本料理，两者档次差得可不少。当然，这事我也就是自己在心里嘀咕嘀咕。

院长是个精力旺盛，不知疲倦的人，但不知道疲倦的院长这次在莫斯科可累坏了。

7月13日，北京决战莫斯科。凤凰原计划和北京台合作，强强联手，必然诸事遂意。院长是带着悠闲的心情来到莫斯科的。没想到，直播前36小时，我们得知，由于种种原因，凤凰必须另起炉灶，独自完成这场10小时的直播。怎么办？在一个语言不通，办事效率极低的城市里，没有场地，没有设备，人也不够，却要在短短36小时完成直播前的准备工作，这简直是 Mission Impossible（不可能完成的任务）。院长豁出去了。他又穿上了那件亮得刺眼睛的黄衬衫，用他那略带内蒙口音的普通话滔滔不绝地向身旁的俄罗斯电视台的工作人员讲述他的转播要求，直把虎子累得两眼发直，一天下来向我们感叹："今天讲了太多的话，累死我了。现在不管有多漂亮的女孩要求我接吻，我也不接了。"顺便提一句，虎子是我们在莫斯科的翻译，他管院长叫王大爷，这让我和小宋、高雁乐不可支。

36个小时里，机器设备租到了，参与直播的工作人员找到了，连卫星时间也东扣一块，西抢一块地凑齐了，而最最让我骄傲的是我们的直播场地——俄罗斯大饭店22层的克里姆林宴会厅，简直美轮美奂，高高的天花板，巨大的落地窗，窗外是莫斯科那令人窒息的美丽，在创造这些奇迹的 36 个小时里，院长的大嗓门一直响彻在宽敞的宴会大厅。中间他回过一次下榻的酒店，不是去睡觉，而是去换了件颜色更夺目的衬衫，然后又器宇轩昂地出现在现场。

7 月 13 日莫斯科时间早上 8：00，我和文涛坐在主播台前，背后是红场、克里姆林宫和静静流淌的莫斯科河。我望了望院长，他站在 1 号机的旁边，一夜未睡，却依然容光焕发。那一刻，我的内心既兴奋又平静，直播开始了，我和文涛配合得天衣无缝。5 分钟后，我们将现场交给了香港，我刚要松一口气，却看见院长带头鼓起掌来，刹那间，整个宴会厅掌声雷动。

10 小时后，当萨马兰奇念出北京的名字，我身边的人都疯狂了。我站在台上，双手掩面，放声大哭。等我抬起眼来，看见高雁和小宋也哭着向我走来，我们抱在一起，又哭作一团。透过泪水，我看见院长坐在那儿，一动不动。任周围的人又蹦又跳，脸上是疲惫之极后才有的平静。我第一次发现，从来精力过人，意气飞扬的院长真的累了。

直播结束后，我们一群人跑到莫斯科一家中餐厅里狂欢。院长喝了不少酒，两颊通红，疲惫的双眼却仍然闪着光。小宋对我和高雁说："咱们今天谁也没拥抱院长。"声音有些伤感。我看看还站在椅子上给大家拍照的院长，问虎子："俄文院长怎么说"？

虎子想了想："〔Slikd〕"。

我们大笑："对啊对啊，死里磕的！院长干起活来就是那样！"

"王大爷真是个好人啊！"虎子在一旁幽幽地说。

"虎子，将来咱们给你王大爷拍个片子。"小宋一脸认真，"题目就叫'好人王大爷'！"

钟老师

• 我总相信，真正有大智慧、举重若轻的人在生活中免不了丢三落四。

钟老师是凤凰卫视副总裁，在公司，没人叫他钟副总，年轻人叫他钟老师，因为他是北京广播学院教授，博士生导师；年龄相

院长、钟老师和我，师生三人哄堂大笑（忘了为什么）。

仿者称他大年，这是他的名字。

钟老师 50 出头，人长得很结实，五官都是圆圆的，一看就是个性格豁达开朗的人。在凤凰，人人都有被广为传颂的轶闻趣事，钟老师也不例外。

钟师母和钟老师是大学同班同学，20 多年的夫妻，两人感情一如当年，令人羡慕。据师母讲，大学 4 年，教室黑板的一角永远被粉笔框着，里面专登钟老师的失物招领广告，今天是找饭盆，明天又说不见了雨伞，天天不重样。

这个故事是老板在饭桌上跟我们讲的，当时钟老师抽着烟斗，呵呵地笑着。我于是想象着年轻时的钟老师风风火火地走在校园里，身后哩哩拉拉掉了一堆东西，温柔的师母一声不响地跟在身后一样样捡起。

去年，师母到北大进修有关艺术的课程。第一堂课，老师在黑板上写了大大的"艺术"两个字，然后掷地有声地说："艺术的最高境界就是物我两忘。"

师母立刻想到了远在香港的丈夫，不由地热泪盈眶：

"这分明是在说我家大年啊！"

还有一件事。

一次，钟老师急着要去机场接人，他拿着钥匙急冲冲地跑到车库，远远地开了自动锁，然后打开车门就去摸方向盘，这时，钟老师大惊失色：

"天哪，我的方向盘呢？"

他出了一身冷汗，困惑地环顾左右，不明白小偷是怎么撬开车门搬走方向盘和档把儿的，可定睛一看，钟老师松了口气：

"原来，我坐的不是司机位，而是第二排。"

我总相信，真正有大智慧、举重若轻的人在生活中免不了丢三落四。

　　钟老师又何尝不是。2002 年，凤凰和中央台合作的《两极之旅》就是由钟老师带队的。几十口人用了几个月时间从南极到北极，路上历经千辛万苦，将沿途迷人的自然、人文风光展现在了观众的眼前。那一阵，只要有空，我总不忘收看《两极之旅》，人没能跟着队伍跑一趟我向往的南美洲，眼睛可是过足了瘾。想想看，那么多的人，那么多的事，钟老师气定神闲地完成了领队的任务，这就叫大将风度。当然，在《两极之旅》摄制组里，他只管拍摄和人员安全一类的大事，众人的护照、证件就不交给他管了。

　　这篇短文我是在公司写的，写完之后，我到走廊上张望一下，看钟老师是不是在办公室。正好他就在门口，一手举着他的烟斗，一手上上下下地摸着身上的口袋，一扭头见我就在一边，于是憨厚地一笑，好像是自言自语地说："我这钥匙又跑哪去了？"

小　　宋

　　• 女的当男的使，男的当牲口使。

　　• 学问渊博的王鲁湘，已被小宋拖累到常常说出"熊和鱼掌不可兼得"一类的病句。

　　小宋芳名宋彦俐，是我的同事。

　　我相信名如其人，一般女孩起名 YAN LI，不是艳丽就是燕莉。只有她，用了貌似朴素实则文学气十足的彦俐二字。由此可见，小宋是那种表面随意，内心对自己和生活要求颇高的人。

　　我们的友谊是在做《一点两岸三地谈》的两年中建立的，她是

右边是小宋。

节目在北京的制片人。我平常叫她的外号"小姐姐"。说起外号的来历，并不是因为她有大姐风范，而是一年圣诞节，曹景行先生在给她的贺卡上错把宋彦俐小姐写成宋彦俐小姐姐。我觉得这名字很适合她，于是就这么叫开了。

凤凰人手少，1个人恨不得当8个用。小宋当时既要找选题又要联系嘉宾，还得和北京电信公司讨价还价商量卫星时间的价格，每每把她累得口出不逊：

"真是的，在咱们这啊，就是女的当男的使，男的当牲口使。"

碰巧那一年我也是又做《早班车》，又做《一点两岸三地谈》，也累得一塌糊涂。听她这么一说，深感遇到了知己。我俩的友谊就在对公司的"同仇敌忾"中形成了。

对我而言，友谊的最高境界就意味着两人一起逛街一起吃饭，悲痛时互诉衷肠，使自己和对方从郁闷绝望中解脱出来重又变得趾高气扬。

2000 年的夏天，我们常常见面痛说各自的悲惨生活。一天晚上，我俩（还有高雁）坐在哈根达斯冰激凌店的外面一直聊到打烊。凌晨回到酒店，我一边给满腿被蚊子叮的包涂药膏，一边哈欠连天。这时又接到小宋打来的电话，她意犹未尽，还想再聊。我于是半躺在床上强睁着眼睛，听她在电话那头声情并茂地念情书。（不是她写给我的，是别人写给她的。）我听了快 1 个小时，实在支撑不住，就彻底躺成了睡觉的姿势，侧卧着，把话筒搁在一边的耳朵上，腾出两只手平摊在枕头边，准备舒舒服服地听她朗诵。要不说饱暖思淫欲呢，人一舒服，就容易犯错。我，竟然睡着了。等我突然醒来，才意识到小宋还在电话那边。我赶紧冲着听筒一通乱叫，可小宋已经挂了电话。我立刻翻身起床拨她家里的号码，没人接；打手机，关机了。

　　那个晚上，我带着深深的悔恨进入梦乡。

　　第二天，见到小宋。她依旧笑嘻嘻的，这让我如释重负。

　　"某些人昨晚竟然睡着了。我对着话筒喊了半天鲁豫，你也没搭理我，我只好郁闷地洗洗睡了。"

　　做《一点两岸三地谈》时，小宋还开着一辆破旧不堪的富康（写到这，高雁从我身边经过凑过来看了一眼，不屑地加了一句，"什么富康，是夏利。"）绿色的，外表收拾得还行，但中看不中用。发动机经常罢工，夏天开了空调，车厢的温度也基本保持在摄氏 35 度左右。可也怪了，天一冷，空调就开始运作，把暖风打到最足，呼呼往外冒的也是嗖嗖的凉风。

　　我不算个爱虚荣的人，可坐她的车也觉得很没面子。

　　一次，我、小宋和珺珺共同宴请给予了《一点两岸三地谈》巨大帮助的某制作公司负责人（珺珺是节目在香港的制片人）。地点选在了高雅的五星级酒店。那顿饭吃得宾主尽欢，我、小宋、珺珺三个人也都穿了高跟鞋，化了淡妆，收拾得格外体面。

吃过饭，一行人有说有笑走出饭店大门去开车。那天，饭店的生意很是清淡，偌大的停车场只停着3辆车：一辆白色宝马，一辆黑色大奔，还有小宋的绿色夏利。饭店门口的服务生很自然地向宝马走去，准备帮我们开车门，见我们三个人正往奔驰那走，又三步并两步地跑过去，白手套刚碰到门把手，回头却见我、小宋、珺珺低着头不声不响地钻进了热得好似蒸笼的夏利。

那辆夏利后来的命运颇为坎坷。

半年后，小宋把它给了刚大学毕业的表妹。小姑娘刚走入社会就得了辆车，兴奋不已。一天晚上，小宋忙了一天回到家里才发现手机早就没电了。她打开电视，想看看《北京晚间新闻》。那天的社会新闻很热闹，有民工拿不到工资爬上高层建筑准备轻生的，有开车开到半路发动机突然起火。小宋颇为同情地感叹着这是谁那么倒霉啊，可越看越觉得车子面熟。再看看车牌的特写，小宋惊呼："这不是我的车吗？"

最后，小宋花了几百块钱请人把车拖走了。

直到今天，我在路上看到绿色夏利，就怀疑是小宋那辆已经报废的破车。

从2002年开始，小宋做起了《纵横中国》的制片人，以每月一地的速度在全国各地流窜，很少有机会呆在北京，我偶尔见到她总不忘替派出所问两句："到北京了，暂住证办了吗？"

现在的小宋可得意了，《纵横中国》已经办成了凤凰的知名栏目，这还不算，趁工作之便，小宋还拥有了"全世界最性感的男士主持人胡一虎，和全世界最智慧的男士——著名学者兼节目嘉宾王鲁湘。"这是小宋的原话。

实际情况是，胡一虎最爱和小宋探讨国内外大事。而学问渊博的王鲁湘，在和小宋并肩战斗了一年之后，已被小宋拖累到常常说出"熊和鱼掌不可兼得"一类的病句。

关于小宋的事情越写越多。

小宋的视力不好，又不爱戴眼镜，认错人是正常的，偶尔认对了，连她自己也吓一跳。

一次，小宋离开北京近一个月后重又回到公司，看见每个同事都跑上去热烈拥抱一下，很是亲热。让小宋郁闷的是，只有樊庆元（《鲁豫有约》的制片人）站在一旁爱搭不理的，小宋于是走上去，温柔地握了握他的手，轻声说："死胖子，怎么不理我？"

樊庆元竟面露惊恐地看着小宋一言不发。

小宋仔细辨认，才发现，这是刚到凤凰不久自己还从未见过的新同事，樊庆生。他和樊庆元是亲兄弟，长得有几分相似。等到和大家都混熟了，樊庆生才透露了那天被小宋错认时内心的激动，他认为，凤凰的女同事都将用这种亲热的方式欢迎他的加盟呢。

传奇女人

我一向欣赏传奇女性，像杰奎琳·肯尼迪·奥纳西斯、戴安娜王妃、夏奈尔和歌剧女王玛利亚·卡拉丝。传奇女性的标准在我看来是美丽、名望、奇特的人生经历和特殊的历史、文化背景。

拍摄《鲁豫有约》让我有机会结识了一些令我欣赏的女人，我把她们也归入了我的 Legendary Women Club 传奇女性俱乐部。

章含之

- 章含之完全没有美人迟暮的悲凉。Age gracefully（优雅地变老）在她身上得到最好的体现。
- 乔冠华3个字我还没说完，章含之已是泪流满面。快20年了，乔冠华依然是她心中不能触碰的伤痛。
- 这期节目的名字是：大爱至悲，一生含之。

和章含之结缘是在1992年。

那时我家附近真武庙二条的马路边，总有人推着平板三轮车卖畅销书。周末从广院回家，我总会在书摊前流连一阵。

一天，我在满满一车三毛、金庸的书中看到了章含之写的《十年风雨情》。当时，我并不知道她是章士钊的女儿、前外交部长乔冠华的夫人，吸引我立刻掏钱买书的原因，是书中章含之年轻时的照片。她梳着短短的直发，穿着白布衬衫，眼睛大大的，眼神里有一种干干净净的光芒。

"这个女人太美了！"那是我平生第一次被一个人的美丽所震撼。

那天，我交了钱，然后捧着章含之的书在马路边读了好久。那一刻，我根本想不到10年后，我将坐在她的面前，听她回忆和乔冠华的爱情。

2001年11月，我和刘春、樊庆元开始筹备《鲁豫有约》。年底，我在北京出席了一个华美的圣诞晚会，见到了不少谈吐优雅、赏心悦目的俊男靓女。在嘉宾名单上，我看到了洪晃的名字，这让我着实兴奋，差点冲动地跑到她面前说："我想请你的妈妈——章含之女士上我的节目，可以吗？"只是，我虽然久闻洪晃大名，却并不认识她。

当晚的女主人是张欣，我很想请她介绍我和洪晃认识，可是，我一直被人拉着聊天、拍照，她也满场飞似的尽着地主之谊，直到晚宴开始，我们也没机会说话。

我有个不太淑女的特点，一旦心里有了事，人就如坐针毡似地踏实不下来。我勉强吃完第一道菜，盘子刚一撤走，我就跑出宴会大厅给《鲁豫有约》的制片人樊庆元打电话。

"我想采访章含之，你觉得怎么样？"

"好好好好好。"樊庆元一口气说了十几个好。这在他，是前所未有的。

樊庆元很挑剔，通常我提出 10 个采访对象的名字，会被他灭掉 9 个。而对章含之，我们却是一致地推崇。

那天晚上我没能结识洪晃，但樊庆元神通广大，自己找到了章含之。

4 个月后，我终于在北京史家胡同章含之的家中见到了她。

章含之也许没看出来，和她握手、叫她章老师的时候，我的表情活像追星族见到了偶像。

章含之个子很高，起码 1.70 米。一头灰白的短发，烫过，微微地卷着。她的脸还是很耐看，完全没有美人迟暮的悲凉。Age gracefully（优雅地变老）在她身上得到最好的体现。

她的家是怀旧的现代都市人的美梦。一座闹中取静的四合院，正房的回廊上吊着一排红灯笼，院子很大，足有 100 平米，扫得干干净净，种着两棵果树。客厅里极其随意地摆满了珍贵的老家具：条案、书橱、太师椅。漫不经心里透出了大气，完全没有以中式风格布置家居时常见的拘谨和刻意。

"我常在家里请客。去年中秋节，我在家摆了 Buffet（自助餐），还请了乐队演奏民乐，不少外国驻华使节都来了，大家一起在院子里赏月。"章含之一边为我们冲咖啡，一边介绍着她的小院。

"我们家刚拍完电影，宁瀛的戏，讲 4 个都市女性的情感、生活。刘索拉、洪晃她们是主角。我呢，免费提供场地、吃的、喝的，还被她们硬拉上在戏里客串了女管家，就像电影《Rebecca》（蝴蝶梦）里的女管家一样，阴森森的。"章含之说话的时候偶尔会夹杂着一两个英文单词，发音标准，听起来舒服、自然。

我们的谈话开始了。乔冠华 3 个字我还没说完，章含之已是泪流满面。我预料到谈起往事她会难过，但却没想到，快 20 年了，乔冠华依然是她心中不能触碰的伤痛。

少女时代的章含之喜欢看《简爱》，更憧憬着简爱和罗切斯特之间的那种爱情。

我说："你和老乔之间的感情就像简爱和罗切斯特。"

"是，这本书真的是蛮害我的，简爱跟罗切斯特后来就变成我和乔冠华了。"

章含之和乔冠华 1971 年相识，1973 年 12 月结婚，短暂的 10 年婚姻生活中，两人真正快乐平静的日子只有一年。

"1974 年夏天到 1975 年夏天，是我们 10 年婚姻里头最开心的一年，那一年里，基本上没发生什么政治上的事情，从我们两个人来说，最好是没有这些政治上的东西。但不幸的是，我们之间的感情跟政治整个地搅在了一起。所以，1974 年的那一段，我印象特别深。有一天，我们在饭厅里，吃完饭往外走，走下台阶的时候，不知为什么我就扶了他一把，他突然就跟我说：'有一天我丢了官，官也不做了，眼睛也瞎了，你就这么搀着我。'"章含之泪如雨下。

"天哪，又是《简爱》！"

我和章含之聊了4个小时，她的眼泪就这样流了又流。

编导为章含之这期节目起的名字是：大爱至悲，一生含之。

寒 春

• 我和寒春不会成为朋友。在她看来，我太娇气，太不革命了。而在我眼里，她和我们这个时代又似乎隔得太远。但我由衷地欣赏她的执著。

我上小学的时候就听说，有一对美国老夫妇，男的叫阳早，女的叫寒春，他们住在北京郊区，养奶牛。当时我想，没准我喝的牛奶就来自他们的农场呢。20年后，2002年的春天，我来到阳早和寒春位于昌平的家。不巧的是，男主人住院了，只有老太太寒春一个人在家。

那天，北京正刮着沙尘暴，寒春的小院子在肆虐的风沙中显得安静极了。一走进院门，我就闻到一股菜香、烟味、泥土味混合在一起的气味。冬天最冷的时候，家里不常常开窗，时间久了，屋子里就有这样一种味道。

寒春的房子是北方常见的平顶砖房，一排，大概有三、四间，门前是一个细长的过道，摆着两三盆植物和一棵大白菜。

寒春的院门从来不上锁，房门我看了，倒是挂了把铜锁，可钥匙就那么大大咧咧地搁在窗台上。对她来说，中国人都是朋友，不需要提防任何人。

寒春80多岁了。她头发花白，驼背，头上永远戴一顶五、六十年代比较流行的蓝色干部帽。我到她家的时候，她正埋头喝棒茬粥，灰兰色的眼睛和高鼻子都被青花碗挡着，只有身上一件大红衬衫才显出一点美国老太太的样子。

寒春看到我，完全没有初次见面的热情或拘谨。她抬起头，淡淡地扫了我一眼，就接着喝她的粥。

她的家很乱，到处都灰蒙蒙的，好像平常没人打扫。屋子里的陈设已经不能用简朴来形容了，因陋就简也许更恰当。她的书桌就是两堆砖头，上面再铺一块木板，感觉用脚一踹就会塌的。所有的家具都来自60年代，除了地上80年代的地板革和一台90年代的彩电。电视开着，老太太在看新闻，她看的是BBC。

"怎么不换张桌子呢？"我很好奇。

"桌子挺好！"寒春撇了撇嘴，有点不高兴。

我猜，我在她心目中的形象一定不够好。我有点后悔，那天的妆化得好像太浓了。

谈起来中国的原因，寒春一下子兴奋起来，好像又回到了激情燃烧的革命年代："我崇拜小米加步枪，我要亲眼见见小米加步枪的力量。"

1945年，寒春的哥哥韩丁受斯诺《西行漫记》的影响，来到了中国延安，解放区热火朝天的革命生活使他受到很大震撼。回国后，韩丁把自己的见闻告诉了同学阳早，并鼓励他到中国去看一看。

阳早欣然前往，而他的未婚妻寒春此时正在芝加哥核物理研究所攻读硕士学位，并参与美国一项名为"曼哈顿工程"的原子弹研究。1945 年 8 月，美国用原子弹先后轰炸了日本的广岛和长崎，寒春陷入了巨大的痛苦之中。看到人类遭到屠杀，她再也无法坐下来思考抽象的科学理论，1948 年，寒春决定追随阳早，前往中国。

在延安的窑洞里，他们结婚了。那是 1949 年。寒春并没有热烈地爱过阳早，他们是同志、革命伴侣，然后才是夫妻和爱人。我想问寒春，革命了一辈子，却没有轰轰烈烈地谈一场恋爱，会不会觉得遗憾。想想，又认为自己太主观，谁说他们没有爱情。对于寒春和阳早来说，也许，革命就是爱情。

和寒春说话有一点我非常不适应，她常常会提到一些中国人已经多年不用的词汇，比如：大鸣大放、阶级斗争、要文斗不要武斗，她说起这些却很自然。

寒春认为 20 世纪最重要的事情就是中国革命，她赶上了，实在幸运。对她来说，中国是自己的国家，所以她不喜欢别人把她当外国人来看，但她对文革的看法实在和中国百姓相去太远。回顾文革，寒春说，"真有意思。"

也不怪她，那 10 年，她只看到了大字报，听到了人们高喊的革命口号。她没有看到残酷，只感受到激情。

我和寒春有关文革的一段对话，充分显示了我们不同的性格、文化背景和斗争精神。

寒春："（当时我们外国人）写大字报，也去看别人写的大字报，到处跑，很好的。那时候消息灵通，哪里有了好的大字报，大家都去看。我们还在友谊宾馆游行。"

鲁豫："你不觉得当时的一切都非常混乱吗？"

寒春："不，一点也不混乱，特别好。就是要群众都起来。现在美国政府有一些人干的事不能见光，如果美国也这样，发动群众去造反，那就了不得。"

鲁豫："但是我们中国人现在回头看那一段，觉得非常混乱。"

寒春："你说毛主席搞这个不好？好家伙！"

和寒春在一起，我有时会说到中国人、外国人什么的，这让她很不高兴。

鲁豫："我不明白，为什么外国人见到毛主席也会激动得又叫又跳？"

寒春（一脸不耐烦）："这不是中国人外国人的问题，这是一个阶级感情的问题。"

寒春很直率，她说不喜欢现在，因为大家都忙着挣钱，没人去革命了。就像她的3个孩子，寒春对他们有一个形象的比喻：鸡蛋。意思是说他们的模样是美国的，内心却是中国的。他们曾经也一心一意要做又红又专的革命青年，后来在80年代有机会回到了美国，如今都已在当地成家立业，这让寒春意识到，他们不会回来了。

采访结束后，我们和寒春去一家小餐馆吃饭。寒春的胃口很好，她吃肉、吃菜、还吃了一大碗米饭。临走前，她向服务员要了几个饭盒，把剩下的菜打包带走。

我和寒春不会成为朋友。在她看来，我太娇气，太不革命了。而在我眼里，她和我们这个时代又似乎隔得太远。但我由衷地欣赏她的执着。她是一个纯粹的理想主义者，一生都在追求自己的理想，无怨无悔。我钦佩这样的人。

张海迪

• 海迪的出场很有意思。她先在门口夸张地大叫一声："朋友们，我来了！"话音一落，她的轮椅就平平地滑了进来。

• 我问："和疾病相伴了 42 年，从来没想过放弃吗？"

海迪说："其实，每天都想放弃。但是，每天又把快要熄灭的生命火焰拾起来。这个小火种经我吹一吹，就又变成我心灵的篝火，越燃越旺。"

第一次见到张海迪是 2001 年 12 月 28 日，人民大会堂的一台电视晚会的录制现场。那是一台以关怀残障人士为主题的电视歌会，海迪坐在轮椅上，静静地唱了一只歌。她的声音细细的，很柔和，像个小女孩。那天我像个追星族，海迪在台上表演的时候，我拿着一支笔、一个本在舞台旁边等着她，想请她留下一个联系方法，我想采访她。海迪一见到我，就紧紧地握住我的双手，她的手很大，瘦瘦的，可很有力气，把我的手握得生疼。和海迪说话的时候，我一直蹲在她的轮椅旁。后台黑黑的，从舞台上透过来的光正好打在她的脸上。海迪的头发短了，清清爽爽地别在耳后。她的样子一点没变，只是瘦了很多。秀气的脸窄窄的，人坐在轮椅上显得那么单薄。

和别人初次见面，我总是有些拘谨，可海迪的热情却让我觉得我们是多年不见的老朋友了。仔细想想，也对，海迪的事迹几乎陪伴了我的整个少年时代。

2002 年的新年钟声刚刚敲过，我和《鲁豫有约》的同事们就如约到了济南。海迪住在市区东部的一个花园小区，小区的环境很好，看样子在济南算得上比较高档的住宅。这让我十分欣慰，我太怕看到英雄人物含辛茹苦地生活了。

海迪的家宽敞、明亮，雪白的墙、白色的家具、白色的地砖，到处一尘不染。我站在客厅中央，低头看看自己一路走来风尘仆仆的皮鞋，竟有些迈不动步子。这和我想像得一样，海迪是个爱整洁、生活得十分精致的人。

海迪的出场很有意思，就像舞台上女主角的亮相。她先在门口夸张地大叫一声："朋友们，我来了！"话音一落，她的轮椅就平平地滑了进来。刚刚我还在想，北方家庭辅地砖不太好，冬天冷，就算屋里开了空调、暖气，地上总是凉凉的，穿着袜子踩在上面也能感到一股寒意。这下我明白了，光滑的地砖让海迪的轮椅能自由地进出每一个房间。

　　海迪穿了件深绿色的西装，领口处围了一条有绿色树叶图案的纱巾，脸上薄薄地扑了些粉，口红的颜色淡淡的，浑身散发着一种清新的气息。她微笑着坐在自己白色的书房里，身后是一排白色的书架，一瞬间，我竟然有些恍惚，不能相信张海迪就坐在我的面前。

　　看着海迪，我总是忍不住想，如果没有那张轮椅，一切该是多么完美。可现实很残酷，海迪胸部以下没有知觉，她必须每隔两小时去一次洗手间。和疾病相伴了 42 年，海迪的身体里已经有了个准确的生物钟，不用别人提醒、也不用看表，到时间，海迪就会抱歉地打个招呼，也不需要帮忙，自己把轮椅滑进浴室。

　　我问海迪："和疾病相伴了 42 年，从没想过放弃吗？"

　　"其实，每天都想放弃。但是，每天又把快要熄灭的生命火焰拾起来。这个小火种经我吹一吹，它就又变成我心灵的篝火，越燃越旺。"

　　海迪说话抑扬顿挫，语言极其流畅，一字一句记录下来，不用修改，就是一篇挺不错的文章。

　　1991 年，海迪的鼻部被诊断出患有黑色素癌。医生担心注射麻药会使癌细胞扩散，于是决定只用安定。医生告诉她，这意味着疼痛是存在的，而且会非常疼。

　　海迪笑眯眯地说："我忍受了世界上最难以忍受的痛苦。"

　　听海迪眉飞色舞地描绘可怕的手术过程，我总觉得没打麻药生挨了一刀的是别人。而且，癌症这种词汇从她的嘴里说出来，就像感冒那么轻松平常。

　　海迪极有感召力，在一群人中间，她总是绝对的中心。采访这天，海迪的丈夫王佐良也在家。海迪常常大着嗓门叫："佐良，帮我倒一杯咖啡。再拿一个垫子。"

温文尔雅的佐良就默默地忙前忙后。

佐良在山东师范大学教外语。他和海迪是经朋友介绍认识的，然后两人一直通信，发现彼此性格、志趣十分相投，于是在1982年，海迪家喻户晓之前结了婚。如今，已是婚龄20年的老夫老妻了。10年前，两人收养了一只小狗，取名"板凳"，疼爱得不得了。

我从外人的角度来看，海迪和佐良同中国千百万普通的夫妇没有什么差别。他们俩，也会拌嘴，海迪的脾气比较大，她一发火，佐良就不出声，气得海迪没辙。

我让海迪给自己的婚姻生活打分，她想都不想地说："八、九十分。"

对自己的晚年，她有着很美丽的憧憬："在一棵树下我坐着，我穿着红毛衣，要穿鲜红的毛衣。我头发已经白了，我的腿上要盖上一条非常漂亮的毯子。在我的头顶是石榴树，在我的身边是绿湖。"

这真是一幅美丽的图画。

金　星

• 老天犯了个错误，把一颗纯粹女人的心放在了男人的身体里。金星很勇敢，她纠正了这个错误。

• 一次坐出租车，司机和金星聊天："小姐，你的声音很低，挺特别。"

金星大大方方地说："那是因为我以前是个男的。"

　　有一次跟何东聊天，他职业性地把小录音机放在我的面前，然后像说绕口令似的问我："鲁豫，我采访人，你也采访人，采访了这么多人以后，你最大的感受是什么？"

我对金星说："我想请你上我的节目。"金星说："好的。"我于是拿起手机记下了她的电话。

"大家都觉得自己不容易，我原来也觉得自己不容易，现在才发现，别人比我更不容易。"我也说起了绕口令。

"没错！"何东使劲地点点头，一副于我心有戚戚焉的表情。

真的，做《鲁豫有约》以来，这样的感触一天比一天深。

最初听到金星的名字是1996年。她在北京举办了《红与黑》舞蹈专场，这是中国内地第一次公演现代舞专场。演出前，媒体的报道铺天盖地，演出当天，场内更是座无虚席。那时，金星刚刚完成变性手术，公众的兴趣点并不仅仅是她的舞蹈，他们更关注金星变成了怎样的女人。可是，演出结束时，金星炉火纯青的舞蹈已经征服了所有的人。

当时，也许是出于世俗的心理，我总觉得金星的女性形象略显生涩。但几年来，陆陆续续从各种媒体看到她的消息和样子，我发现，她早就出落成一个优雅而妩媚的女人。

2000年6月，张元拍摄的纪录片《金星小姐》在北影小礼堂试映，张元请了不少朋友去看，我也去了。银幕上，金星披散着长发，神情慵懒地在挑选服装。那种不经意间流露出的性感，深深地打动了我。影片中也有金星手术前仍是男儿身时的照片。那时的他，穿着军装，眼眉微微地向上扬着，是一个青春逼人的少年。

老天犯了个错误，把一颗纯粹女人的心放在了男人的身体里。金星很勇敢，她纠正了这个错误。

我见到金星是2001年12月22日，在一个圣诞节晚会上。这种社交场合我很少光顾，嫌麻烦。事先要花很长时间挑衣服、化妆、吹头发，然后在衣香鬓影的场合里矜持、得体地微笑、交谈。很好玩，也很累人。那天的主人家是潘石屹、张欣夫妇。小潘是个活宝，待人真诚、友善，而张欣，她举手投足流露出的小资情调令我心仪，我很喜欢这对夫妇，对他们的活动自然就兴致勃勃。我于是认真准备，"闪亮登场"。

我到的时候，晚宴还没有开始，大家正人手一杯香槟三三两两站着聊天。我远远地看见了金星，一身墨绿色长裙，长发盘在脑后，仪态万方地站在那里。

我跑去找张欣："我想认识金星，你能帮我介绍一下吗？"

张欣真是个出色的女主人，连忙把金星拉过来。

"鲁豫，你好！"金星握住我的手。她的双手很有力，声音哑哑的很有磁性。

那天晚上，金星的打扮赢得了全场一致好评，获得了"最另类着装大奖"。

和金星的访谈定在了2001年12月30日，那天冷极了，拍摄用的酒吧没有暖气设备，空调声音太大又不能开，真是活活把人冻死。金星还没到，我就一直捧着杯热咖啡走来走去，棉衣也不敢脱。

和金星约好了10点开始访问，可11点了，还不见她的人影。编导吴穷说：

"她没什么时间观念，昨晚我和摄像为了拍她和朋友在一起的画面，在楼下等了她1个多小时。"

我笑了，心里满是纵容。"艺术家，就该有些不拘小节的气质。"我是个极守时的人，平常最讨厌等人。但金星的迟到，我丝毫不以为意。

我就是这样，喜欢一个人，会毫无原则。

11：20，金星终于到了。还是盘着发髻，一件宽袍大袖和服一样的大衣松松地罩在身上，那么夸张的款式，她穿着只觉得随意，不觉得张扬。金星脱去大衣，我扑哧一声乐了。她比我还凉快，里面只穿了件短袖毛衣。

我们俩哆哆嗦嗦地开始了对话。

很巧的是，那天我们俩都围了披肩。两个女人，面对面，很真诚地对话，那画面，很美。

金星开朗、健康的心态让我的工作变得易如反掌。和她，我什么都可以聊。

金星说，曾经有一个记者问她："你认为你有病吗?"她毫不客气地说："没有!"金星回忆起这一段，脸上是一种乐不可支的表情。

可是，我总觉得能从她的语气中感受到那么一丝伤痛。

"现在，生活中还有那种异样的眼神吗?你介意吗?"我问她。

金星摇摇头："我不介意。我已经向生命、向生活要了这么大一份自由，还不把评述的自由给别人?"

有一次坐出租车，司机和金星聊天："小姐，你的声音很低，挺特别。"

金星大大方方地说："那是因为我以前是个男的。"

司机从反光镜扫了她一眼："小姐真会开玩笑。"

金星很认真："谁跟你开玩笑了。"

司机愣了一会，然后很真诚地说："这样挺好的，人嘛，就该做自己。"

金星乐乐呵呵地提起了这个故事，可把我感动坏了。

金星是辽宁人，家里惟一的男孩。可她从小就喜欢唱歌跳舞，还喜欢所有女孩子关心的事情。她9岁参了军，进入沈阳军区前进歌舞团，15岁时，又到了北京，在解放军艺术学院舞蹈系深造。1988年，她去了美国，学习西方现代舞。1993年，金星带着一个梦想回到中国，他要做变性手术，从此做一个女人。

手术的过程虽然痛苦但很顺利。可是，和变性手术本身无关的一个小小的事故却几乎给金星造成终生的残疾。

在长达 16 个小时的手术中，护士没有注意到，支在左腿膝盖的托架滑落到了小腿上，致使小腿肌肉痉挛，从小腿到脚之间的神经全部坏死。

金星说："我完全可以申报二级残废。"

恢复的过程很痛苦。每天要在腿上插满针，然后通上电，用电击治疗。难怪金星说："我比江姐厉害多了。"医生的诊断是，就是好了也是个瘸子，跳舞，想都别想。可是，3 个月后，金星奇迹般地站在了舞台上。不过，直到今天，金星左腿的温度是冰凉的，跳舞的时候她得把舞蹈动作放在健康的右腿上，这样，观众就看不出来了。

金星谈过很多次恋爱，但真正刻骨铭心的有 3 次。她的初恋在19 岁，爱上的是一个得克萨斯牛仔。金星说："那时候爱得很crazy（疯狂），还跑到得克萨斯跟他放了 3 个月牛。"

在做手术那段时间，金星有个精神寄托，她说："那是个中国人，是我爱上的第一个中国男人。"说到这，她又冲我摆摆手，不好意思地捂着嘴，"而且，你也认识他。"

金星躺在病床上，疼痛难忍的时候，喊的不是上帝，而是他的名字。可惜，神女有心，襄王无意。

而截止到采访那天，金星的感情生活是：有一个欧洲男友，正准备放弃一切，追随她到上海。反而是金星，对这份情感没有百分之百的把握。

不管怎样，现在的金星，生活得很踏实。她收养了两个漂漂亮亮的孩子，在上海买了一所老房子，屋里摆满了中式的老家具，一副认认真真过日子的样子。

一个女人，仅仅为了做回自己，经历了那么多的痛苦和磨难，而她，始终坦然乐观地面对一切。和她相比，我觉得自己承受过的所有困难挫折都是那么不值一提。

郎 平

- 郎平掏出照片："你看，我带国家队的时候，老成什么样了。"
- 为什么优秀的女人在情感上总要遭遇挫折呢？
- 知情人都说，可惜了，这份感情是被"忙丢了"。

1998年冬天，老女排在深圳举办10周年聚会，我和文涛主持了那次活动。那天，我见到了少年时代崇拜的女排队员，激动得不得了。那也是我第一次见到郎平。她穿着一身国家队运动服，没有任何修饰的短发直直地披在耳边，人很瘦，一副开开心心的样子，和女排比赛时凝神坐在场边的她不太一样。

再见郎平是时隔4年后的2002年8月，郎平做客《鲁豫有约》，采访地点选在北京友谊商店附近的一家西餐馆。我猜，餐馆老板之所以那么痛快地答应白天不做生意，把地方腾给我们拍节目，多半是因为郎平。

4年没见，郎平瘦了，时髦了，年轻了。她穿了一件粉色的短袖衬衫，长到肩头的直发用卡子别在耳后，清清爽爽的样子充满了朝气。我说她看起来特别健康，哪像当国家队教练那会，气色差得令人担心。郎平一边点头，一边从钱包里掏出两张照片："你看，我带国家队的时候，老成什么样了。"

我仔细端详了一下，一张是郎平回国执教前拍的，脸色红润，神采飞扬；另一张是一年半后，她结束国家队教练生涯之前的照片，人瘦得两个眼睛都凹了进去。我笑她："这可以给减肥产品做广告用，减肥前和减肥后。"

离开中国国家队主教练的位置后，郎平一直在意大利的一家俱乐队执教。那儿的收入高，可自由支配的时间也多，她可以更多地陪伴女儿白浪。只是近年来意大利经济不好，她所在的俱乐部也面临着财政困境，郎平去年一年的工资还拖着没发。

"他们要是不把欠我的钱还我，明年我就不和他们签约了。"郎平轻描淡写地说。

我有预感，她生命中关于排球的一章就要翻过去了，今后，她将过一种崭新的生活。

"能谈谈你的感情生活吗？"我暗暗地希望郎平能告诉我，和白帆的婚姻结束后，她又找到了新的幸福。

"没有。"郎平回答得很干脆。

"爱你是需要勇气的。因为你太出色、太成功了。"我心里有些发毛，为什么这么优秀的女人在情感上总是要遭遇挫折呢？

"是挺难的，他得比我大吧，得比我成熟，还得比我高！"郎平一脸认真。

"你要求太多了吧，别的好说，要个子比你高的，上哪儿找啊！"我们俩都乐了。

郎平曾经有一个身高 1.96 米的美国男朋友，他是学政治经济学的博士生，特别喜欢体育。可惜，这段感情没能开花结果。知道内情的人都说，可惜了，这份情是被"忙丢了"。

当时，郎平义无返顾地回国接下了已经走下坡路的中国女排，她和"1.96 米"因此分隔两地。一份本来有可能瓜熟蒂落的感情就这么没了。

也许是过去了一段时间的原因，郎平看得很开，倒是我还有些耿耿于怀：

"可是，他怎么就不能等呢？"

"他有他的想法。不过，他如果不能等的话，也就算了。"

郎平和我说了不少悄悄话。

在采访间歇，我和郎平说了不少悄悄话。因为是悄悄话，所以不适合播出，也不适合发表。我只能说，有一点我深信不疑，像郎平这么出色的人，一定会有美满的归宿，也许道路有些曲折，但前途绝对光明。

郎平在北京从不逛街，因为还不够别人看她的呢。我笑她：

"谁让你这么高，到哪都没处躲没处藏的。"

"可不是吗？不光站着，连躺着都有人认识。前几天我在天坛医院作了个小手术，护士把我从手术室里推出来的时候，我戴着帽子，身上盖着被子，就这样，走廊上还有好几个病人，都打着点滴呢，举着吊瓶指着我大叫：'看，郎平！'"

我能想象那个场面，换了是我，也会兴奋地指指点点："快看呐，是郎平！"

采访结束后，郎平惊喜地发现餐馆里有哈根达斯冰激凌，她挑了草莓口味的，边吃边期待地问我："你也来一个吧！"那样子，就像中学时两个要好的女生互相怂恿着吃零食一样。于是，我也要了个草莓口味的，和郎平面对面坐着，吃冰激凌。

郎平很关心地询问了我的生活状况，说来很怪，我是一个和人交往相当慢热的人，但她身上有一种亲和力，让我很自然地把只有最亲近的朋友才了解的有关感情的事告诉了她。

对郎平的访问，我表现得十分感性，尤其在节目的结尾，我说："我和我的同事们都认为，郎平真是个好人。"这个评价很主观，很自我，但我自信，这不仅仅是我的看法，也是无数中国人的看法，因为郎平的勇气、毅力和无私曾经深深地感动过我们。

廖静文

· 提起悲鸿，廖静文又变成了刚刚坠入爱河的 20 岁少女。

我曾经两次听过廖静文做的报告，一次在初中，一次在高中。两次演讲的内容我记不得了，惟一有印象的是廖静文提到徐悲鸿时哽咽的语调。我那时太小，不理解这种感情。

　　十几年后的 2002 年，我又见到了廖静文女士，她的外表让我吃惊。她已年过八旬，但头发依然乌黑浓密，皮肤很好很白，五官仍如她年轻时一样清秀。廖静文穿了一件紫色上衣，我说好

我被廖静文这样一份伟大的爱情深深感动。

看，她有些羞涩："悲鸿最喜欢紫色，我就常常穿紫色的衣服。"

　　提起悲鸿，廖静文又变成了刚刚坠入爱河的 20 岁少女。

　　采访廖静文之前，我和同事们都认为她一定会谈很多她和徐悲鸿的故事，但我们想更多地关注她的人生。采访开始以后，我发现从廖静文嫁给徐悲鸿开始，她的人生故事中就没有了我这个概

念。悲鸿一直是她生命中的主角。

廖静文的听力很不好，戴着助听器还需要我大声而缓慢地讲话，有时候一句话要重复好几遍。但她的记忆力很好，思路清晰。每一件事都从头讲起，娓娓道来。

1945 年底，廖静文和徐悲鸿结婚前，徐悲鸿为了和蒋碧薇解除早已名存实亡的婚姻关系，答应给蒋碧薇 100 万元和 100 幅画，为此徐悲鸿拼命工作，终于积劳成疾。廖静文认为，没有那一段日子的操劳，徐悲鸿后来也不会英年早逝。所以提起蒋碧薇，廖静文那么温婉的一个人也显出了愤怒与不屑。

徐悲鸿去世的时候，廖静文只有 30 岁，一个年轻的女人独自走在漫长的人生路上，再有新的情感是很正常的事。但我决定不去触及那一部分，出于对廖静文的尊敬，也出于对徐悲鸿的尊敬。但是她主动谈起了一段徐悲鸿以外的感情经历。当时我只是问她，这一生有没有遗憾。我的意思是，她把一生都奉献给了徐悲鸿，自己的理想并没有实现，是不是感到遗憾。没想到她说，是有遗憾，而这份遗憾竟是一段徐悲鸿以外的情感经历。

在一次外出的火车上，廖静文和她的孩子们结识了一个年轻的解放军军官。孩子们很喜欢这个高大英俊的叔叔，而他也对廖静文产生了好感，于是，他和她们一家成了朋友。经过一段时间的交往，他终于鼓足勇气向她表明爱意。廖静文被他的真诚感动，接受了他的感情，但是，她也一再强调，徐悲鸿永远活在她的心中。他表示理解，于是，他们结婚了。婚后的生活并不幸福。廖静文对徐悲鸿的思念与日俱增，她感觉对方并没有像承诺的那样，理解并尊重她对悲鸿的感情。在失望中，他们离婚了。

廖静文声音颤抖地说："我今天很坦率地告诉你，这就是我一生最遗憾的一件事。"

我做过很多采访，无论面对谁、听着什么样的故事，我都能保持平静、客观，而此时，我的眼眶湿润了。透过余光，我看见樊庆元和吴穷都在擦眼睛。

　　"如果真的有黄泉，百年之后我和悲鸿能再见面，我要哭着把头靠在他的胸前，向他诉说这五十年来我对他的思念。"

　　我被这样一份伟大的爱情深深地感动了。

风雨人生

• "没关系，我们什么都可以聊。"毛阿敏的一句话，立刻冲破了我内心所有的障碍。

毛阿敏

《鲁豫有约》的第一位嘉宾是毛阿敏。

开节目策划会的时候，樊庆元和阿忆建议应该围绕毛阿敏备受关注的几件事：税案风波、情变和出走香港来反映她光彩夺目又充满坎坷的演艺生涯。

而我，忽然害怕，想要临阵脱逃。

按照惯常的访谈模式，我应该充满期待地问阿敏："最近又出新歌了吗?刚拍完的 MTV，你的造型好像又有改变，能不能给观众介绍一下。"

这样的谈话一定不精彩，但至少宾主能言谈甚欢。可是，我却要一路追着去寻问她曾经的伤痛。这让我很苦恼并且不情愿："如果我都承受不了真实，嘉宾能承受吗?观众能承受吗?"

采访前两天，我一直心事重重，但还是按自己的方式了解了关于毛阿敏的一切。

我的工作方法是：1、阅读大量有关被访者的资料，沉浸在他（她）的世界里。

2、和工作人员商量访问重点。

3、事先绝不和嘉宾见面、通话，保持彼此的新鲜感。

4、不准备提纲，但开场白一定要想好，它将决定谈话的基调和气氛。

我和毛阿敏的对话地点是在北京学院路上的一家酒吧，时间是

2001 年的 12 月。

那天，我早早到了，然后一直捧着杯热茶在屋里走来走去，想着这场访问该如何开始。这时，酒吧外站着 3 个冻得哆里哆嗦的女中学生，她们是毛阿敏的歌迷。樊庆元怜香惜玉，几次出去请她们进来暖和暖和，女孩们就是不肯。

一小时后，毛阿敏到了。她很瘦，穿一件深蓝色的羽绒服，下摆翘翘的，很别致。脖子上围着一条"上海滩"的桃红色长围巾，牛仔裤，山羊皮的皮靴，比电视上更年轻、漂亮。

"你好。"她进门后冲我笑笑，眼神显得害羞而无助。

我知道，这将是一场艰难的对话。困难之处在于，我有心理障碍。

"真诚是一把刀子，扎哪哪出血。"不记得这是谁说过的，但我一直相信这句话。当我不知所措的时候，勇于表现真实的自我是最好的方法。

于是，我对毛阿敏说："直到现在，我还是挺担心的，我不知道你愿不愿意谈那些往事。"

"我知道，你会问得比较坦率。没关系，我们什么都可以聊。"没想到毛阿敏眼睛都没眨一下。

她这一句话，立刻冲破了我内心所有的障碍。

谢谢阿敏。她的美丽、温婉和坦诚让《鲁豫有约》有个近乎完美的开始。

庄则栋

• 终于，我鼓足勇气委婉地提到了那个传言，短短的两句话一出口，庄则栋乐呵呵倒没什么，我已是满头大汗。

两年前，我买了本庄则栋自传，题目很直白《庄则栋和佐佐木敦子》。书中的文字挺流畅，但现实和回忆夹杂在一起的叙事手法读来有些生硬。倒是字里行间流露出一种和作者年龄不相符的孩子气的骄傲和得意，很是可爱。他觉得自己了不起，他就让全世界都知道。

采访庄则栋之前，樊庆元一再警告我："要中立，要客观。"

庄则栋是个有魅力的人。我们的编导姜笑静先去见了他一面，回来后，话里话外那份景仰之情，挡也挡不住。

我嘴上对樊庆元逞强："我一个工作这么多年的老同志，怎么会把握不住自己呢。"可心里也在打鼓。他曾经是个有争议的人物，即便现在，仍多少有些敏感。我该如何面对他才能既善意又不失立场，这很难。

庄则栋的家在京沈路边一片别墅区里，小区里不少房子都空着，外表破旧不堪。只有他的小楼，光洁如新。

我下车，胸前别上麦克风，让摄像跟在我身后，记录我和庄则栋初次见面的情景。

"您好！"我隔着铁门冲庄则栋打着招呼。

他的样子并不是特别热情。"她，前几天我见过，"他先指指姜笑静，又指指我："她，我不认识。"

他的坦率让我吃惊，但并不介意。在我的想象中，他就该这样。

摄像开始忙着搬椅子、布光，我只能找些无关紧要的话题和庄则栋闲聊。

"您看上去真年轻，完全不像60多岁的人。"

"小鲁豫，你试试我的小腿，像铁疙瘩一样硬。"才两分钟而已，他已经叫我小鲁豫了。

我不好意思地伸手捏了捏他的小腿，忍不住叫了起来："您真厉害，真是和铁疙瘩似的。你们来摸摸！"攀庆元他们正忙着找角度、打灯光，可架不住我的大呼小叫，只好放下手里的活，一个个礼貌地摸了摸庄则栋的小腿，然后纷纷表示："您让我们都羞愧难当！"

庄则栋开心地笑了，房间的气氛一下子轻松、亲近起来。可是，艰难的谈话还在后面呢。他在文革的经历、他和鲍蕙荞破裂的婚姻，哪一样不是在揭开过去的伤疤呢？好在所有的事情已沉淀了许久，当年不好讲不能讲的话，如今总可以说了吧。

越是艰难的对话，我越是用温和的话题开场。我首先提到了庄则栋的"三连冠"。

谈起辉煌的战绩，庄则栋无比自豪："乒乓球国家队内部三连冠，全国三连冠和世界锦标赛三连冠，不是吹的，二十世纪中国乒坛只有我一个。"

1971年在名古屋举行的第31届世乒赛上，庄则栋和美国运动员科恩的偶然交往，竟成了中美关系解冻的发端。一次比赛之后，科恩错上了中国代表团的车。在全车人的沉默和尴尬中，庄则栋向他伸出了双手。第二天，日本的各大报纸都在头版登出两人的合影，并配以醒目的标题："中美接近"。

乒乓外交给庄则栋的人生带来巨大的荣耀和坎坷，用他的话说："塞翁失马焉知非福，塞翁得马焉知非祸。"对自己政治生涯的评价，他很坦率："我站错了队。"

我发现，我开始喜欢庄则栋了。

也许是因为我没有体验过文革的残酷吧，我无法对眼前这位和我父亲同龄的长辈心生怨恨。他文革中犯过错，并为此受到了惩罚。可他更是一个为中国人取得了无数荣誉的世界冠军。

节目策划会上，阿忆和樊庆元一再坚持，我一定要问有关庄则栋和江青的传闻。我立刻拒绝："这问题很无聊。"

嘴上这么说，心里其实是担心我根本问不出这么尖锐的问题。

阿忆很执著："我们就是要澄清这段历史。"他的理由说服了我。

可话到嘴边，我才发现，这远比我想象的难一万倍。

终于，我鼓足勇气委婉地提到了那个传言，短短的两句话一出口，庄则栋乐呵呵地倒没什么，我已是满头大汗。

"这传闻我也听说过，怎么可能呢?人家那么大的领导，每次接见谁，身边秘书、服务人员一大堆，那些闲话都是没影的事。"庄则栋的神情没有一丝不快。我可是紧张得快虚脱了。

不过，在后期节目的编辑过程中，我们还是决定不采用这段精彩、真诚的对话。那时，《鲁豫有约》刚刚播出两集，观众对于有争议的人和事到底能接受多少，我没有把握。我不敢走得太远。

可我从心底感激庄则栋，他能那么大度、坦率地面对一个晚辈锲而不舍的追问。

对毛阿敏的采访打破了我内心的障碍，对庄则栋的采访真正树立起了我的自信。做《鲁豫有约》我开始有了如鱼得水的感觉。

璩美凤

• 璩美凤这个看似柔弱的女人，经历创痛之后，短短的时间可以生活得如此高调，秘诀是什么?

思前想后，我还是决定，采访璩美凤。

决定采访璩美凤后，我的同事们都不同程度地表示了担忧，担忧的性质基本按地域划分。

大陆来的，生长在红旗下，正直惯了，眼里不揉沙子，毫不掩饰愤怒和鄙夷："你采访她干吗？"

香港同事在光怪陆离的商业社会中呆得时间长了，对任何事都见怪不怪："璩美凤啊，好啊，新闻人物呀。"

台湾同事的反应比较复杂。虽然璩美凤极具争议，可怎么说她都是宝岛同乡，所以他们只是一再强调："你要当心。"

我其实非常犹豫。

璩美凤是个可怜的女人，闺房中最隐私的生活被无数人看过、评论过甚至嘲骂过。可光碟事件后她的所作所为又让人无法理解，她为什么要出书大爆自己和8位男士的情感纠葛呢？她的解释是：我要生活。

思前想后，我还是决定，采访璩美凤。

我跑去大众书局买了本《璩美凤忏情录》，准备好好研究她。不时有朋友打来电话，半是认真半是玩笑地问我："我那有光碟，要不要看？"

我拒绝了。

第二天开始是香港复活节的长周末，我和老公、高雁、郭志成一块去了三亚。收拾行李的时候，我在泳装、防晒油的上面塞进了《璩美凤忏情录》。

在天域酒店美丽的沙滩上，我躺在大大的太阳伞下，逼着自己看完了这本书。

在三亚呆了3天，我晒得通红地回到了香港。眼里还晃着碧海蓝天的景色，心里却塞满了书上那些乱七八糟的事情。

采访地点就在香港凤凰卫视的一间会客室里，整整一面墙的落地玻璃窗，窗外就是维多利亚港湾。因为每天都看，我并不觉得特别。倒是璩美凤，一进来就不住地赞叹："好漂亮喔！能看到大海耶！好幸福喔！"

璩美凤是个典型的台湾女孩，说起话来娇娇柔柔的。她穿着很普通的夹克衫，短发上别着枚卡子，有些乡土气，却反而显出了她的可爱。

"哎呀，你的头发剪得真好。"赞扬完海景，璩美凤又赞扬起我的发型。

"谢谢。如果你去北京，我把我的发型师介绍给你。"

4 月份的香港已经很热了，屋里又有两盏高瓦数的灯烤着，璩美凤的额头微微地渗出汗来。

"你好吗？"这是我的开场白，也是我真心想知道的。

"还好吧，每天都是一个学习的过程。"璩美凤的脸上现出了无助与无奈。

那一阵，有关璩美凤的报道铺天盖地，我不希望自己的节目充满那些令人难堪的细节，那是纯私人的生活。我只想知道，一个看似柔弱的女人，在经历了这样的创痛之后，短短的时间就可以生活得如此高调，她的秘诀是什么？

"美凤，有一点我必须要告诉你，我没看过那些光碟。否则，我不可能这样直视你的眼睛。"我迎着她的目光说。

"我能了解，你是比较有爱心和包容的。"她的声音越发的轻柔。

"你怎么能表现得这么平静？"

"你要我哭给你看吗？"璩美凤无辜地看着我，但语气里满是挑战。

"哭与不哭并不代表什么，真实的流露才最重要。"为了配合她，我也放慢了讲话的节奏。

璩美凤对于所有的话题都用很感性很抽象的语言来回答，我不知道这是她一贯的表达方式，还是在偷拍事件以后，她的自我保护方法。

我最困惑的一点是她为什么不选择更能保护自己的方式复出社会，出一本忏情录、穿着性感地到新加坡去登台演唱，只能给她增加新闻而不能给她清静、平和的生活。

璩美凤不这么看："反正不管我做什么，大家都觉得璩美凤有问题。如果我永远去想别人的看法，我就为别人而活了。如果我要去想这一点的话，我今天就不可能来这边在镜头之下谈话了。担忧的事情太多，这个大千世界，你何时担忧得完呢？"

这也许就是置之死地而后生吧。

对于爱情，她说："我不会抱幻想，有幻想也不会起到什么积极的作用。我要学会一个人过日子。"

在采访璩美凤之前，我也做了一些心理准备，比如，她可能会流泪、会发火，但是，她一直表现得非常平静。而在平静的背后，我却能清晰地感受到她的戒备和一丝敌意。

采访结束前，她好像终于放下了防备，说了一段令我感动的话："我不希望自己倒下，为我自己，为我的家人。如果我倒下，他们一定会很痛的，我怎么忍心让他们看到我很伤感、很痛苦呢。我会尽我的能力让我自己过得更好。"

告别的时候，我们握了握手，她的手很柔软。

杨钰莹

• 杨钰莹很勇敢，她主动提到了赖文峰的名字和他们共同生活的 3 年经历。她说，那是一段美好的日子。

得知杨钰莹答应上《鲁豫有约》，我既高兴又有些吃惊。

自从远华案曝光以来，有关"三年婚姻合同"和红色保时捷跑车的说法不断地见诸报端。虽然没有一篇文章指名道姓，但"歌坛玉女"一类的词汇却让老百姓早就猜到了谜底。在众说纷纭之中，杨钰莹选择了复出歌坛。于是人们更加相信了坊间的传言：靠山已倒，所以不得不自力更生，再战江湖。

平心而论，重新亮相在歌迷面前，杨钰莹的表现不过不失。也许没能带来惊喜，但也决不令人失望。而观众和传媒则表现出了有保留的宽容，一方面，她的演艺事业并没有因为不利新闻而受到阻碍，另一方面，人们的态度又明确地传达出一个信息：“你在我们心目中的形象已经不同以往了。”

自始至终，杨钰莹一直保持着沉默。

重新亮相，杨钰莹的表现不过不失。

对于沉默，不同的人有不同的解读。有人说这是默认，有人却感叹，承受着这么大的压力，依然能够春风满面地在舞台上唱着情歌，这女孩子真不容易。

可是，人的忍耐力是有限的。鼓足勇气把积压在心底的话说出来，是一种解脱。

我想，这也是杨钰莹决定接受《鲁豫有约》访问的原因。

我知道，做出这个决定，不容易。

我的同事樊庆元和吴穷第一次同杨钰莹联系是在 2002 年 5 月

初，杨钰莹很爽快地答应了。只是我们俩的档期老合不上，专访就拖到了 7 月中旬。

策划会上，大家意见一致，那些敏感的问题如果刻意避开，节目不如不做。但是，我有我的担心，如果她不想说那些令人不愉快的事情怎么办？

樊庆元说："有这种可能，但我觉得可能性极低。我想，她是有话要说。"

我同意樊庆元的看法，可心里还是有些不安："我该保持什么样的立场呢？"

这的确是个棘手的问题，因为任何一个立场都会激怒一部分观众。表现出同情，有人会说这是没有正义感；表现出批评者的姿态，观众更不会接受。而百分之百的中立则是根本不可能的。

策划会的结论是，让杨钰莹着重就成长历程、成名前后、情感经历和复出心态来讲述自己的故事。我不回避关键问题，但也不会直奔"隐私"。如果，访谈只围绕跑车、婚姻合同一类的话，节目就显得太功利、太八卦了。

采访是在三里屯的一家酒吧进行的。北京的酒吧白天客人不多，安安静静的适合拍摄。

平时拍《鲁豫有约》，现场除我之外，只有制片人、导演、两个摄像和一位负责宣传的同事共 6 个人。但采访杨钰莹这天，酒吧里显得格外热闹，樊庆元悄悄告诉我："今天剧组人数破了纪录，一共来了 13 个人。"

当杨钰莹的车子开到酒吧门口的时候，所有的目光都盯在了车上。杨钰莹乘坐的是一辆深绿色的奔驰，而不是人们想象中的红色跑车。和出道时相比，杨钰莹的外形没什么变化，举手投足还像个小女孩一样。也许是头天晚上通宵拍摄 MTV 的原因，她看起来略显疲惫。

"我才知道你原来叫杨岗丽，我一直以为杨钰莹就是你的本名呢，这个名字起得非常好，很适合你。不过，杨岗丽也很好听啊!"这是我的第一个问题。

对我来说，每次采访的开场白至关重要。

"你不觉得杨岗丽是个带点男孩子气的名字吗?我的很多歌迷都叫我岗岗，这是我的小名。一听到岗岗，我就觉得这太不寻常了。因为只有我的亲人、我最好的朋友才这么叫我。这个名字就是藏在内心深处的我。"

我们的谈话很顺利，但两个人之间似乎还隔着一层薄纱，我知道，那个问题不谈，这层纱就捅不破。于是，我相当委婉地问她："当初你淡出歌坛是否和一段感情有关?"

杨钰莹很勇敢，她主动提到了赖文峰的名字和他们共同生活的3年经历。她说，那是一段美好的日子。

杨钰莹这一期节目播出的时候，我正在香港，没感受到它在内地观众中引起的巨大反响。一周后，我回到北京，才发现几乎所有网站、报纸都转载或报道了访谈的内容。观众的反应大致有两种，有人认为"你给了这个孩子一个说话的机会"，也有人发来E-mail大声疾呼"不许利用《鲁豫有约》。"

观众的热烈回应让我想了很多。

这就是我做《鲁豫有约》的初衷吧:我们静静地聆听一段人生故事，然后思考、讨论。结论迫不及待寻找，似乎并不重要。

蒯大富

• 我无法把眼前这个温和的人和蒯大富这个名字所代表

的革命、造反、激情联系在一起。

麦当娜拍过一部不知所云的电影"Desperately Seeking Susan"（迫不及待找苏珊），除了片名，一无是处，Desperately 其实我更

蒯大富(左)说；"我很怕受到关注。"

想翻成气急败坏，像极了我寻找蒯大富的心情，所以拿来一用。

2001年11月，我着手筹备新节目《鲁豫有约——说出你的故事》，我和我的同事们开始挖空心思寻找那些经历过风风雨雨又几乎被时间淡忘的人们。不约而同地，我们都想到了蒯大富，那个叱咤风云的清华学生，文革结束后，一直了无踪影。

Will Smith 未成名时，拍过"Six Degrees of Separation"（六度空间），影片中的一段话让我颇受震动："你想找到世界上任何一人，中间环节不会超过6个人。"

看这部电影时，克林顿正因为莱温斯基事件而焦头烂额，我很想采访他。记得我当时坐在沙发上算了算，如果要找克林顿，从外交部或大使馆入手，中间顶多也就 6 个人，那样一想让我兴奋不已。

我知道我能找到蒯大富，果然，同事阿忆表示和蒯相识，可以代为联络。我大喜，再一次印证六度空间理论。

一天，阿忆神秘兮兮地问我，是否曾在深圳出席过一个网络公司的开幕典礼。我想了又想，隐约有记忆。阿忆才说，蒯的太太就在那间公司，蒯本人当时也在现场，还充当摄影师为我和他太太拍了不少照片。我一听，少不了一阵感慨，又再逼阿忆，要蒯答应上节目。

11 月 15 日，凤凰在深圳举办演示会，演示会现场，我已打扮完毕，穿着曳地长裙正走向后台。阿忆拦住我，说刚和蒯通过电话，蒯要在深圳和我见一面。由于我当晚必须赶回香港，于是再逼阿忆打电话，让蒯过来。阿忆拨通电话，一边和他寒暄，一边抽空对我说："他不过来，你和他说吧！"我接过电话，自报了家门，再请蒯来参加演示会，蒯答应了。

一小时后，蒯到了。他是一个普通的中年男子，微胖，戴大框眼镜，脸上有着谦和的笑容。我无法把眼前这个温和的人和蒯大富这个名字所代表的革命、造反、激情联系在一起。蒯带来几本旧相册，里面有他和毛泽东、周恩来的合影，照片上的蒯瘦削、意气风发，我觉得自己是在翻看当年的人民画报。

演示会要开始了，周围乱哄哄的。我对蒯说："上我的节目吧！"

他犹豫着："我现在开着一家公司，每年交不少的税，我很怕受到关注。"

时间紧迫，我和蒯相约再通电话详谈。

几天后，我在北京，蒯打来长途，语气诚恳，但态度坚定："再等等吧！"

我是个执著的人，面对蒯，我却无法执著。那次通话，时间挺长，最后我说："什么时候你想说了，告诉我！"

2002 年 1 月 5 日，我在北京华彬大厦参加中央电视台《旋转舞台》新年音乐会的录制工作。晚会现场，一个风姿绰约的中年女人走过来握住我的手："鲁豫，我一定要和你打个招呼，我就是你一直在找的张玉凤。"

张玉凤已年过半百，但气质高贵，美丽依旧。我看人就信直觉，匆匆一面已让我深深地喜欢上了她。

"谢谢你们还记得我。"她语调温柔，让人如沐春风。

"玉凤大姐，我的节目随时等着你。"我握着她的手，由衷地说。

寻找蒯大富和张玉凤的过程，我是迫不及待的。而等待他们，我却是耐心的。我知道，等待也许是漫长的。

• 观众来信措辞激烈："你以为你是谁，你凭什么不停地追问人家？"我因此而踟蹰。

《南方周末》的向阳曾经问我："你在采访中会像美国的麦克·华莱士那样咄咄逼人地提问吗？"

我当时拼命摇头："不可以，在中国绝对不可以。我们中国人比较含蓄，西方人比较直接，对于太尖锐的问题，中国观众会觉得不舒服，认为太不留情面了。所以我做《鲁豫有约》，一方面要保持个性，一方面又不能走得太远，要顾及观众的情绪。有些尖锐的问题该问还是要问，但我会说得比较婉转。"这是我做《鲁豫有约》以来最深切的感受。

向阳对我的访问是在 2002 年 5 月，那一阵我正在家闭门思过，平生第一次对做电视有些意兴阑珊，甚至萌生了退休的念头。

那时《鲁豫有约》播出才 5 个月，却已在观众和传媒中引起了巨大的反响。每一期节目的文字都有不少报纸和网站全文转载，观众在网上讨论他们感兴趣的嘉宾，至于我采访过的有争议的人物，各方的评论和报道更是铺天盖地。有这么多的关注着实令我兴奋，也令我惶恐。我有些不知所措。

作为一个追问者(这是向阳在《南方周末》的报道中为我起的名字，我很喜欢)，我的任务是让被访者讲出他从未对人提起的一段生活，一个故事。有时，我会好奇地打破沙锅问到底；有时，我会善意地接受一个也许并不真实的回答(观众讨厌虚假，可有时真实并不美丽，他们未必能接受。至于被访者，如果不愿回答某个问题，一定有他的难言之隐，我完全理解。)而当嘉宾在关键问题上闪烁其词，或者用反问来代替回答的时候，我也会执著地重复我的问题，直到对方的语言或者表情，给出一个真实的答案。我就是想把一场谈话的真实状态呈现出来：有时我的声音大，语言机智，有时被访者的回答要远比我智慧。在长达几个小时的访谈中，我是追问者，更是聆听者，而我的嘉宾们在一种尊重、平等、友善的气氛中将积压多年的心声一吐为快。我很满意我和同事们的作品《鲁豫有约》。

但观众们的反应却很复杂。他们喜欢看《鲁豫有约》，喜欢节目的真实和人性，只是对我在个别访谈中的采访风格不能接受。有的来信言辞激烈："鲁豫，我一直最喜欢你，可今后，我再也不看你的节目了!"

"你以为你是谁?你凭什么不停地追问人家?"……

这些反对的声音对我的影响很大。我本来就是个认真的人,这下更是不断地自我反省:"《鲁豫有约》是个好节目,但我们的创意和风格是不是稍微超前了点儿?也许我的观众还没有准备好接受一个真实的谈话节目吧?而一个节目再好,如果观众不喜欢,又有什么用呢?《鲁豫有约》还要不要再做下去呢?"

将近一个月,这些问题每天在我脑子里翻来覆去,我甚至想到了放弃电视。理由有两个:一、主持人被视作公众人物,被人议论是很正常的,可惜我不习惯,那只有另谋高就。

二、我自以为了解观众,知道他们的需求,可事实证明并非如此。这对我打击很大,连观众的心态都吃不准,还做什么电视?

前思后想,只有一个出路:不干了。

我的家人不理解我为什么痛苦:"你的节目才播出几期就引起那么大的反响,这是多少人求之不得的事情。有些批评的声音很正常,这点心理承受力你还没有吗?"

我在采访中开始有杂念:"我的微笑应该再明显点吧,否则观众会说我挺厉害的;这个问题,最好别问,要不然别人会说我不善良……"2002 年 4、5 月份的几次采访,我完全没有了以往《鲁豫有约》的锋芒。

刘春和樊庆元(刘春是监制、樊是制片人)一次又一次地给我敲警钟:"你有点矫枉过正!好多该问的问题都没问。"

他们说的我都清楚,可我心理障碍太大。

5 月初采访王军霞,她和她的老公战宇特意从沈阳飞来北京。王军霞是一个特别爽直、单纯的人,用她自己的话说就是:"有什么说什么,不会藏着掖着的。"可我却是畏首畏尾。她和马俊仁之间的恩恩怨怨，我只字不提，倒是王军霞坦坦荡荡地说起了马指导。我完全可以接着她的话问下去，让王军霞聊聊她们师徒之间的故事。可那时候，我脑子里又开始胡思乱想："'马家军'的事别说了，马俊仁和王军霞都是为国争光的人，说谁说多了都不合适。观众会不答应的！"我和王军霞聊了一个半小时，谈话过程中我用余光瞟了瞟现场工作人员，大家都显得心不在焉。我知道，这是一场失败的访问。

樊庆元眼里不揉沙子："今天说的太不好听了，"

我自知理亏，可还是嘴硬："也只能说成这样。"

樊庆元是个比我还较劲的人："我们去沈阳，再采访一次王军霞。"他这招真狠，彻底把我制住了。

5月7日，国航一架航班在韩国釜山失事，机上122人罹难。我是5月8日一大早从凤凰资讯台得知这个消息的，赶紧打电话通知樊庆元，大家少不了唏嘘感叹一番。可两个小时后，还是按原计划从北京坐国航飞机飞往沈阳。我有些内疚，如果不是我表现失常，一大帮人也不用起个大早再飞趟沈阳吧！

王军霞的家离沈阳桃仙机场很近，我们的第二次对话就在她的客厅里进行。也许是家的气氛让王军霞更放松，也许是我的内疚让我打消了不少顾虑，我总算完成了任务。

现在的我，偶尔在采访前还是会有顾虑，但我越来越了解我的观众，我知道，他们希望我锲而不舍地提问，温柔敦厚地提问。

与观众间的趣事

• 不和观众水乳相融，
还做什么电视？

1

某次活动，我和余秋雨老师坐在一起。

不时有观众和读者过来要求签名或者合影，我和秋雨老师这个坐下那个又站起来，着实忙碌。

几乎每个观众打量我一番后都会动情地说："鲁豫，你本人比电视上漂亮！"

我总是开心地回答："谢谢。"

而秋雨老师不说话，只是埋头签字。直到面前摊着的一堆书和本子签得差不多了，他这才转过身，研究性地看看我，认真地说："鲁豫，以后别人再说你本人比电视上好看，你千万别谢他们。"

"为什么？"

"你想想，本人比电视上漂亮，那就是说，你在电视上不漂亮喽。这是夸你吗？"秋雨老师一脸严肃。

我有点糊涂了，这的确不像是在夸我。

"可是，别人应该怎么说才对呢？说你生活中不如电视上耐看？"秋雨老师也皱起了眉头，"这好像更说不过去了吧。"

我彻底被他搞晕了。

"应该这么说。"秋雨老师突然面露孩子气的坏笑，"鲁豫，你在电视上很漂亮，没想到生活中更漂亮！"我刚喝到嘴里的一口水几乎喷了出来。

2

我曾收到一封观众来信，洋洋洒洒两大张纸，满是对我的溢美之词。我正看得志得意满、虚荣心膨胀，这时我注意到信的最后一行，用粗粗的黑色签字笔醒目地写到：

"鲁豫，我太崇拜你了，请你无论如何帮我弄到一张刘德华的签名照片。"

3

2000年，内地某机场，我急匆匆地来赶早班飞机。

因为起得太早，眼睛肿肿的，只能戴着眼镜。办好登机手续，我晃晃地往洗手间走去。这时发现身旁老有一个中年男子跟着，我用余光扫了扫他，觉得他是要跟我搭话。上洗手间的路上被观众拦住要求签名或者合影实在有些尴尬。我于是低着头，假装想着心事，加快脚步往洗手间里闯。正要推门，从里面走出来一个男士，一脸愕然，差点和我撞个满怀。我这才看清门上的标志，原来这是个男厕所。

我讪讪地转过身，脸上红一阵白一阵。这时，刚才那位中年男子疾步走到我面前：

"鲁豫小姐，你走那么快干什么？我这紧赶慢赶地就是想告诉你，这是男用卫生间，女士的，在大厅那一边，可你就是不理我。"

4

文涛来凤凰之前，是广东电台颇有名气的主持人。文涛的口才我早已领教，倒是电视图像让我一直忽略了他的声音，音色明亮、饱满，但并不是浑厚圆润得高不可攀。大概就是凭借着他富有磁性的声音，文涛在广州时就有了一堆追星族，常常有不少女听众寄来表示爱慕的信件。文涛至今还记得其中一封，信的内容言简意赅：

文涛：我要到广州和你合体。

文涛为此心猿意马了好几天。

5

1997年我在昆明举行观众见面会。会场人很多，但秩序井然，排起了长队要我在宣传照片上签名。那天签字签得手都软了，但观众的热情和礼貌实在令我感动。每签一张照片，我都会和观众握握手，并且由衷地说声："谢谢。"

观众也很客气，都笑笑地回一句："谢谢你。"

人群中大部分是年轻人，所以当一个白发苍苍的老大爷站在我的面前，我吃了一惊，然后格外认真地在照片上写下自己的名字，双手递给老人，毕恭毕敬地说："谢谢您。"

大爷看了看我，慢悠悠地说了句："不客气。"

6

我在北京的化妆师跟我说过一件有趣的事。

台湾歌手周华健在成都开演唱会，听众反响强烈。于是，主办方特意举办了一场周华健签名会，果然吸引了众多歌迷。可让周华健大惑不解的是，几乎所有的歌迷在请他签名之前，都要激动地说：

"周华健，我是李宗盛的歌迷。"

周华健不高兴了，找来主办方的人质问："为什么你们安排李宗盛的歌迷来参加我的见面会？"

工作人员赶忙解释："他们讲话有口音，他们说的是，周华健，我是你忠实的歌迷。"

7

我很少上网，只是偶尔出于好奇才看看网络上对某一事件的评论。尽管和自己没什么关系，每次看过之后还是会生一肚子闷气，因为网络上有太多的谩骂。朋友劝我，对网上的一切大可不必认真，可我做不到。朋友于是又劝我，既然生气，那就别看网上那些乱七八糟的东西，这倒是个好主意。

9.11直播结束后，我仔细反思了自己的表现，觉得比较满意。周围的反馈也很好，认为我及时、冷静地报道了这一突发事件，既客观又有人情味。那一阵，我也颇为亢奋。9.11直播是电视史上第一次真正意义上的直播，没有流程，谁也不知道下一秒钟会发生什么，主持人和观众一起关注事件的发展，一点点接近真相。这样的直播，是空前的。

可网上似乎是另一番景象。

凤凰网的同事知道我从不进聊天室，特意搜集了网友们的意见，打印了厚厚的几十页纸，交到了我的手上。

我飞快地翻了一遍，已经惊出了一身冷汗。

有网友措辞激烈地抨击我："竟然表现出了对9.11死难者的同情，美国炸我们驻南联盟大使馆的事你难道忘了？"

我一生从未遭受过这么大的委屈和侮辱！同情在恐怖袭击中罹难的无辜百姓就是背叛中国人民？这是什么狗屁逻辑？我气得浑身发抖！

我忍着眼泪，把几十页纸上的近百封电子邮件又看了一遍。一位家住深圳的观众，在信中对我表达了恨铁不成钢的恼怒，并在信尾大义凛然地留下了他的电话号码。当时我正坐在家里生闷气，一看见这个号码，脑子一热，就抄起了电话。

但是，电话没人接。

整整一个下午，我就坐在沙发上，一遍遍地拨那几个号码。

终于，电话通了。

"喂，你是×××吗？"我至今还记得他的名字，可是没征得他的同意，所以隐去了他的姓名。"你好，我是陈鲁豫。"这时我的火气已消了大半，人也平静下来了。

对方听到我的声音可是吃惊不小："我真没想到，你会给我回电话。"

"我请你收回信里的那些话。你凭什么说我同情9.11死难者就是不爱国？"

"对不起，我其实已经记不清当时给你写了些什么。语言有过激的地方请你原谅。我们全家都很喜欢看你主持的节目。我真是觉得意外，你会打电话给我。我给中央台黄健翔发过 3 封 E - mail，他一直没理我。"

咖啡情缘

• 我在心里偷着乐，老公先掉入我的情网，现在又掉入咖啡的情网不能自拔。两张天网罩着他，任他插翅也难飞。

我不会抽烟，不会喝酒，不会唱卡拉 OK，是个挺乏味的女人。惟一的嗜好是咖啡。

　　小学 4 年级，爸爸的同事李叔叔送给我一罐从坦桑尼亚带回来的正宗非洲咖啡，我如获至宝。小孩子哪懂咖啡，纯粹是看个稀罕。那时市场上见不到包装精美的产品，我于是对那个亮晶晶的金属罐爱不释手。又正是对外面的世界充满好奇、羡慕的年龄，觉得铁罐上一行行的外文显得那么洋气。翻过来倒过去地看了很久，才想到重要的是罐里的咖啡。用长长的钢制勺把撬开罐口，里面是一层密封的锡纸，撕开锡纸，一股浓郁的又苦又香的气味扑面而来。我一下子就爱上了咖啡。

　　正好第二天中古友谊小学组织春游，那一回，我们要去的是香山。爸爸看我捧着个咖啡罐闻了又闻，突然有了灵感。他冲了一小锅咖啡，加了大量的糖，没放奶，晾凉了以后灌进了我的绿色军用水壶。我站在旁边馋得要命，可爸爸很坚持："小孩子晚上喝了咖啡睡不着觉，明天爬上香山再喝。"

　　我一个晚上都没睡好，想的不是春游，而是咖啡。

　　第二天，我背着一壶咖啡爬山去了。爬到山顶，已是中午。春天的太阳已有些热力，我又刚刚费尽九牛二虎之力爬上鬼见愁，小脸涨得红扑扑的，额角满是细细密密的汗珠。那一刻，我反而没有想到咖啡，只是本能地捧住水壶，咕咚咕咚地喝了个痛快。小孩子忘性真大，我光顾着和同学换面包、香肠、茶叶蛋，咖啡的事想都没想。

　　只是我当时不知道，10 岁那年，在香山山顶，我就落入了咖啡的情网，一生不能自拔。

不久以后，各种品牌的速溶咖啡相继出现了。电视上每天播着广告：雀巢咖啡，味道好极了。于是，咖啡不仅仅是咖啡了，它代表着一种温馨、富裕的生活，让人神往。

香山之行以后，我再没喝过咖啡。想必是爸爸听说了咖啡因对小孩不好，况且，小小年纪，真要每天端杯咖啡，那样子也挺奇怪的。小孩嘛，就该去喝可乐、果汁，微苦的滋味今后有的是时间品尝，何必着急？

和咖啡再续情缘已是大学毕业以后了。想想，我和咖啡倒颇像一对青梅竹马的恋人，在成长的过程中天各一方，最终却是有情人终成眷属。这倒挺像我的感情生活。

大学五年级，我开始边上学边在中央电视台主持节目。有了稳定的经济收入，从此过上了自给自足的独立生活。人说饱暖思淫欲，我却是饱暖思咖啡。

有了钱，我先想到了咖啡，这其中还有很实际的考虑：喝咖啡能减肥。

我开始改造自己的生活方式。再也不能象大学时代那样了，每天早餐喝粥、吃油饼不仅不够小资，也不利减肥。我找到了适合自己的食谱：黑咖啡加麦片、牛奶和香蕉。

有一天早晨起床后，我才发现家里什么吃的都没了。我也没多想，空着肚子喝了一大杯黑咖啡。这下出事了。5分钟后，我开始出冷汗，心跳加速，双手发抖，而且莫名其妙地兴奋，忍不住地想要傻笑。我吓坏了，瘫坐在沙发上一动也不动，心里还在胡思乱想："人吸了毒大概就是这种可怕的状态吧。"

1994年，我碰到了一个咖啡爱好者，同好相见，自然少不了交流心得。

"咖啡嘛,我只喝麦氏或雀巢。"那个巢字我说的尾音格外上挑,那份得意显而易见。

"不会吧?"对方的白眼都快翻到天上了,"你竟然喝速溶咖啡。告诉你,要想喝真正的咖啡,就得买咖啡豆,现磨,现泡。我最喜欢的品牌是 Starbucks。"

我被对方一顿抢白,立刻气焰全消。

那天,我心悦诚服地聆听了有关咖啡的知识,并且喝了平生第一杯 Starbucks 的苏门答腊。第一口,就有了坠入爱河的感觉。

1994 年底,我去了 Seattle(西雅图)。这座宁静美丽的城市拥有 3 样让当地居民引以为傲的宝贝:微软公司、Nirvana 乐队的已故主唱 Kirt Cobain 和 Starbucks。我竟然一不留神来到了 Starbucks 的故乡,我快乐得好似进入了天堂。

第一次来到位于西雅图著名的海边市场 Pike Place Market 里的 starbucks 店,我有一种近乎朝圣的心情。店铺的布置简洁明快,空气中弥漫着醉人的咖啡香,货架上摆着各式各样的咖啡器皿:玻璃的、陶瓷的、金属制的咖啡杯、咖啡罐、咖啡壶,玻璃柜台里搁着吃多了绝对要胖、但宁可变胖也不可不吃的甜点。西雅图 Starbucks 店的可爱之处还在于,它有着全世界最酷的店员。他们一律系着挺刮的绿色围裙,围裙里是黑色的长裤、衬衫。给顾客冲咖啡、找零钱的时候,他们会聊起哲学、音乐、电影和政治的话题。我平常最怕和陌生人进行一些不咸不淡的对话,但却很享受和这些店员们天南地北地聊天。他们大多是在校的大学生,课余时间在咖啡店打工,勤工俭学。因为学生的未来充满了所有的可能性,所以他们丝毫不介意眼下清贫、忙碌的半工半读,这使得他们的态度永远从容亲和。

在 Starbucks 买咖啡有一种面临人生重大选择的兴奋和紧张。

含不含咖啡因?要大杯、中杯还是小杯?要热饮还是冷饮?Latte、Mocha 还是 Capuccino?

Tom Hanks 和 Meg Ryan 主演的影片《You've got mail》(网络情缘)里就有这样一个情节。我的选择是这样的:large iced mocha in a grand cup with extra cream,意思是,我要一杯中杯的冰摩卡,但请放在大杯里,杯子里多余的空间请多加奶油。这种主意也只有我这种馋猫才能想得出来。

在西雅图的日子里,我常常在星期天的午后端一杯咖啡,面前堆着厚厚一摞《星期日纽约时报》,在 Starbucks 店里消磨一个下午。

西雅图是个适合居住的城市,但对我来说,它太过宁静。我是北京的孩子,我怀念那里的车水马龙、喧闹嘈杂,只有在那样的环境里,我才有生龙活虎的感觉。所以,一年后,我带着满满两箱衣服、书籍和 5 磅 Starbucks 咖啡豆回到了北京。

1999 年以前,北京、香港都没有 Starbucks,我只能利用每次去美国出差、休假的机会,一次买上几磅,回到北京放在冰箱冷冻室里,然后尽可能节省着喝。一旦断顿了,只有将就着喝速溶咖啡。

九八年去东京玩,居然在涩谷街头看见一家 Starbucks,我就像见到亲人似的激动不已。可惜,东京离北京和香港还是太远,我也不可能为了喝杯咖啡专门飞到日本。

我是个专一的人,对人对咖啡都如此。没有 Starbucks 的日子里,我的心依然牵挂着它,而且,我有个宏伟的计划,我想把 Starbucks 引进中国,在大街小巷开满连锁店,让它有朝一日比麦当劳还知名。可惜,我天生没有生意头脑,又是个光说不练的人,所以,只能眼睁睁看着别人把咖啡文化一点点带进北京人的生活。

　　我还记得站在国贸门口，手里拿着在北京买的第一杯星巴克冰摩卡，满足得直在心里叹气："在我最热爱的城市里，喝着我最喜欢的咖啡，还有比这更美的事吗？"

　　算一下，我正式喝咖啡已经有9年的历史了。9年中，咖啡带给我很多美妙的享受，也给我留下了一个可怕的后遗症：早晨起床后，我如果不喝上一大杯又浓又黑的咖啡，中午12点一过，一定头痛欲裂。

　　第一次发作是在1996年秋天。当时，我正坐着乌篷船在绍兴曲曲弯弯的河道里拍节目。中午时分，我的太阳穴开始发胀、发疼，那种疼痛是渐进式的，越来越强烈。我工作的时候从不提这样那样的要求，就怕给制作单位留下不好合作的印象。那天，我完全顾不上自己的形象，一个劲儿地催制片主任上岸去买咖啡。我不用看医生也能猜到头疼的原因——早晨走得匆忙，没来得及喝咖啡。半小时后，制片主任买来了平常日子里我根本不屑一顾的三合一咖啡。我连滚带爬地上了岸，在一家小饭馆里要了热水一

我的
咖啡
用具。

口气冲了4包，也不管是开水就龇牙咧嘴地一股脑儿地喝了个精光。头立刻就不疼了。人一精神，我又恢复了平常矜持的样子，一个劲地感谢小店阿婆的救命热水。阿婆不理我，她那没牙的嘴还张着老大，脸上满是惊恐的表情。如果是拍电影，我猜阿婆当时的内心独白应该是：解放这么多年，没人抽大烟了呀！这姑娘真是可怜，偏偏有了大烟瘾。

我的老公30岁以前只喝过一次咖啡。那还是高中的时候，眼看第二天就要期末考试，可功课都还没背，他决定熬夜苦读，于是冲了一大茶杯速溶咖啡，咬着牙皱着眉咕噜咕噜一饮而尽，然后擦擦嘴，伸了个懒腰，趴在桌上睡着了。我的公公婆婆不知就里，清晨起床见儿子歪倒在书桌上，旁边摊着代数、几何、英语书，茶缸不知道什么时候被碰倒了，桌面上洒了一滩黑色的咖啡渍，以为他彻夜未眠，最终支持不住才沉沉睡去，不由得悲喜交集。喜的是儿子竟然如此用功，悲的是，他小小年纪却承受着这么繁重的课业负担。我的公公婆婆正心潮起伏、感慨万千，我的老公在熟睡了8小时后，揉着被压麻了的胳膊醒了。他说从那以后他再也没喝过这种"苦了吧唧的安眠药"。每次看我一杯一杯喝不加糖、不加奶的黑咖啡他就哆嗦，并且义正词严地表示："打死我也不喝。"

对他，我从来都是循循善诱："光喝咖啡挺苦的，所以才要吃甜点哪。像我这样，喝一口咖啡，再来一口奶酪蛋糕，味道没治了。"

"我也不爱吃甜的。"老公不上钩。

我不气馁："光吃甜点是太糊了，所以才要喝咖啡啊。像我这样，吃一口蛋糕，再喝一口咖啡，那味道…不信你试试。"

老公彻底被我说晕了。他摆出一副大义凛然的样子，一把夺走我手中正比比划划的叉子，恨恨地叉走半块蛋糕塞进嘴里，再端起咖啡杯，一仰脖喝了个精光，重演了高中那一次的豪放。

从此以后，我老公也爱上了喝咖啡、吃甜点这些颇为小资的生活方式。

我在心里偷着乐。他先掉入我的情网，现在又掉入咖啡的情网不能自拔。两张天网罩着他，任他插翅也难飞。

总有人劝我："你每天喝那么多咖啡，对身体不好。"

我想了想，还是端起了我的咖啡杯："我不抽烟、不喝酒、不开车，这么多年了，我连男朋友都没换，就爱喝个咖啡，怎么了？"

我爱三毛

• 三毛的微笑很无辜但
又极具诱惑力。我读懂
了她笑容背后的潜台
词：我把我的大门打开
了，你能看到一部分我
的世界，但你进不来。

我真的是非常喜欢三毛。

我从没有崇拜过任何人,但对三毛的欣赏大概已接近崇拜。

初二那年的某一天,班里的同学开始疯狂传阅一本薄薄的小书:红色的封面上有着骆驼和残阳的图案,书名叫《撒哈拉的故事》,友谊出版社出版,作者的名字单纯好记,三毛。

当时我们班53个人几乎都在排队等着看这本书,当它终于传到我的手上,书页的边边角角已卷了起来。我至今记得翻开扉页看见三毛的照片时内心的那份羡慕和震动:三毛身穿大红色长裙,梳着辫子,脚上没有穿鞋,只套着洁白的毛袜,慵懒地席地而坐。

我不能肯定那本书是不是盗版,反正照片的质量并不好,三毛的脸看起来有些模糊。可我还是无法抑制地被照片上的这个女人吸引,我觉得她是那么 sophisticated(深不可测),那么优雅、纤细和富有。

平生第一次由衷地羡慕一个人,并且想知道有关这个人的一切

那是我平生第一次由衷地羡慕一个人,并且想知道有关这个人的一切。

那时正是课间 10 分钟，我捧着书恍惚地沉浸在自己的世界里，对着扉页里三毛的照片发呆。那种凝视好像是要穿透书页一直看进这个女人的内心世界。三毛脸上的表情是淡淡的，嘴角有一丝不易察觉的微笑，那微笑很无辜但又极具诱惑力。这个女人太清楚自己的魅力了。她不美，但她有着致命的吸引力。在我 13 岁的某一天，三毛就是这样走进了我的生活。我觉得我读懂了她笑容背后的潜台词：我把我的大门打开了，你能看到一部分我的世界，但你进不来。

整整 10 分钟，我就那样呆坐在课桌前。

接下来是英语课。这通常是我大显身手的时候，那一堂课我却一言不发，身体紧紧贴住课桌，左手扶住摆在桌面的英语书，右手放在桌子里，手心汗津津地粘在那本《撒哈拉的故事》上。

英语老师觉得我和平时不大一样。往常上课，我总是举手要求回答问题最积极的一个。有时老师为了鼓励更多的同学在课堂上勇于发言，甚至会假装看不到我高举的右手。而这堂课，我安静得有些反常。当全班朗读课文的时候，老师特地走到我身边，弯下腰轻轻地问我："你生病了吗？"

我冲老师笑了一下，摇摇头，开始大声地念课文。

那一天在恍惚中度过。

下午第二节课结束的铃声一响，我几乎是伴着老师"下课"两字从座位上一跃而起，抓着早就收拾好的书包冲了出去。

我归心似箭，自行车骑得快要飞起来了。

我要赶紧回家，好舒舒服服、踏踏实实地看《撒哈拉的故事》。（一直到今天，当我拿到一本期待已久的好书时，我就想快快回到家里，躺在我的沙发上，后背靠着垫子，再把双脚翘得高高的，还要削一个大大的富士苹果，这才能心满意足地开始看我的书。）

　　那时我家住在4楼，靠马路一边的墙上有一个小小的窗户，每到傍晚时分，总能看到窗外有一群鸽子飞过。当我合上《撒哈拉的故事》抬起头，正好看到那群鸽子，而爸爸已经叮叮咣咣地在厨房准备晚饭了。屋子里有些昏暗，我一动不动地坐在面向小窗的沙发上，心里有一种压抑不住的冲动想要浪迹天涯。

　　从此，留学成了我的梦想。我渴望到国外过一种精彩、艰苦但又富足的生活，就像三毛那样。

　　一个晚上，《撒哈拉的故事》我翻过来掉过去的读了近10遍，书中的内容几乎倒背如流。第二天，我如约把书交给了排在我后面的同学。书还了，但三毛成了我的精神偶像。

　　我不再为自己的理想不是当科学家而觉得难以启齿。怎么样，三毛都说她和荷西绝对不创业，只安稳地拿一份薪水过日子而已。何况，在她的笔下，柴米油盐的生活可以这样风花雪月、有滋有味，那就算我的一生平平凡凡、普普通通，又有什么可怕的呢？

　　我一心一意要把自己改造成三毛。三毛在书里多次提到《弄臣》、德沃夏克的《新世界》、手摇古老钢琴、管风琴和美洲的民族音乐，我于是也强迫自己去听高雅的古典乐曲。当别人问起，我甚至不承认我其实喜欢的是流行歌曲。

　　内心想做三毛，但付诸行动却很难。我们太不一样了。

　　三毛喜欢拾垃圾，然后化腐朽为神奇地把废弃的轮胎变成软椅，"谁来了也抢着坐"；她在棺材板上放了海绵垫，再铺上沙漠风味的彩色条纹布，就有了一张"货真价实"的沙发，"重重的色彩配上雪白的墙，分外的明朗美丽"。她还可以把街上坏死的树根、完整的骆驼头骨都摆在家里做装饰品。而这些，我都做不到。我怕脏、我动手能力很差。我喜欢动物，但仅限于远观，我无法想象把白森森的骨头搁在我的眼前。

三毛喜欢沙漠、农村和所有人类现代文明还来不及改造的地方，可我呢，心里向往的是纽约、巴黎，一切灯红酒绿、繁花似锦的地方。我也喜欢自然，但那是一种彬彬有礼的君子之交。每次坐车到郊外，我都会象征性地下车欣赏一下美景，嘴里还由衷地感叹到："真美！"然后从地上揪一朵野花，再满足地叹口气，说："好了，咱们回家吧。"

大自然能愉悦我的眼睛，但感动不了我的心，只有人和人类的作品才能令我激赏。

三毛写信真是一绝，写得长，有内容，文笔生动活泼，就像她的散文。虽说写字对她而言是手到擒来的事，可问题是她会认认真真地给每一个朋友、甚至读者回信。这是多大的工作量啊。很多年后，她的这份爱心不仅令我感动，更让我羞愧难当。

九二年，我也开始收到观众来信了。第一次抱着两大包信件离开电视台，我心里很是兴奋："终于有机会和三毛一样了。我也要认真读每一封信，再给每个人洋洋洒洒地回上一封。"我回到家，把近两百封信堆在床上，这才感到了为难。我不知道三毛是怎么做到的，反正，让我给两百人回信，我无论如何完不成这个任务。

我和三毛之间有着太多的不同，但并不妨碍我对她的迷恋。

我和三毛之间有着太多的不同，但这并不妨碍我对她的迷恋。

街上每出一本她的书，我都像小孩子过节一样地兴奋。《撒哈拉的故事》之后，我像集邮一样搜集了友谊出版社和其他出版社出的三毛所有的作品：《雨季不再来》、《稻草人手记》、《哭泣的骆驼》、《温柔的夜》、《梦里花落知多少》、《背影》、《送你一匹马》、《倾城》、《万水千山走遍》、《我的宝贝》、《闹学记》、《我的快乐天堂》、《高原的百合花》以及有凑数之嫌的《谈心》、《随想》和《亲爱的三毛》。这些薄薄的书是我永远的精神食粮。

　　2003 年春节前，我趁着回北京之前仅有的半天空闲，跑到尖沙咀 PAGE ONE 书店去买有关法国的旅游书，为计划中的夏季法兰西之行做准备。在香港，只要有时间，PAGE ONE 是我必去的地方。

　　那天是星期四，是我身体状态接近崩溃的时候。因为每天凌晨 4 点起床去做《凤凰早班车》，8 点钟直播结束后，我回家躺一下，再去主持中午 12 点的《凤凰午间特快》，连续 4 天之后，我就成了真正的行尸走肉。可不管多累，一进 PAGE ONE 我就活过来了。那天，我挑选了关于巴黎和普罗旺斯的旅游画册，再加上刚从美国空运到港的最新一期《VANITY FAIR》、《VOGUE》、《IN STYLE》等等一大堆花花绿绿的杂志，我双手抱得满满当当的。感觉到怀里越来越可观的分量，我决定该适可而止去交钱了。当时我正站在旅游书籍区内，只要向左迈出 3 大步就是摆满流行书的书架。我犹豫了一下，还是抱着沉甸甸的书往左转。三毛的全套书就在最高一层的架子上，每次我都会在那流连一会儿，明知三毛不会再有新作问世，可总是忍不住细细查看一番。那天，就在我精疲力竭连眼睛都快睁不开的时候，我的心突然狂跳不已。在一排皇冠丛书中，赫然摆着《我的灵魂骑在纸背上——三毛的书信与私相簿》。我慌忙蹲下，把怀中的书胡乱摊在地上，又忽地站起来，也顾不上低血糖头发晕，左手扶住书架，右手气急败坏地抽出那本书。

一翻开书，我的呼吸都急促了。书里竟然有近30页三毛各个时期的照片，大多数从未发表过，再翻翻书中的内容，都是三毛1973年至1979年在西班牙和撒哈拉生活时给父母的家信。三毛去世已经12年了，没有她写书给我看，挺寂寞的。而眼下，在最不经意间，我又看到了三毛的新书（是她家人整理出版的），真令人喜出望外。

三毛去世是在1991年1月4日。我是第二天晚上知道这个消息的，从中央台的晚间新闻。那天我刚刚跟男朋友闹完别扭，他哄了又哄，我还是因为一件鸡毛蒜皮的小事而伤心欲绝。天晚了，他只好丢下我回家。我于是一个人愈发地悲愤，看着电视，想着自己的新仇旧恨。突然，播音员罗京的声音止住了我的眼泪："台湾著名女作家三毛于昨天清晨在台北荣民总院自杀身亡，享年48岁。"

我惊呆了。

三毛在书中常常会谈到生死的话题，甚至在给父母的信中，也会时不时地旁敲侧击，什么她已见过太多死亡，早就能够坦然接受，只是家人都要预备好，免得这一日来了受不了。就是因为讲得太多，好像狼来了的故事，没有人拿它当真。有时还会让人产生逆反心理，即便像我这样喜欢三毛的人，也会觉得她在生命的问题上，有些做作。谁想她真的以自己的方式离开了这个世界。

第二天，当我从震惊中解脱出来后，我翻出了初中时写的一首关于三毛的诗（中学时代，除了三毛，我还喜欢顾城、舒婷、北岛的诗，爱屋及乌，因为爱诗，也自己写一些酸酸的所谓朦胧诗。）

和我所有的三毛的书，反复地看。想到三毛陪伴了我的整个少年岁月，心里有了一种失去最亲爱朋友的悲哀。那首诗早已找不到了，我只记得在诗中我表达了对于三毛失去挚爱荷西的理解和痛惜。

三毛去世后，大陆的几家出版社先后出版了《我的宝贝》、《万水千山走遍》和《闹学记》。其中，《我的宝贝》也许是对我的生活影响最大的一本书。三毛"有许多平凡的收藏，它们在价格上不能以金钱来衡量，在数量上也抵不过任何一间普通的古董店……"但这些"所谓的收藏，丰富了家居生活的悦目和舒适"，而且"每一样东西来历的背后，多多少少躲藏着一个又一个不同的故事。"于是，三毛请来摄影师，拍下了她的宝贝，然后，她又写出了寻宝的经过。

像三毛一样寻宝

说是宝贝，其实都是一些不太值钱的银制老别针、项链、手镯、西餐用的刀叉和所有名胜古迹旅游景点都能买到的小摆设、小玩偶。东西很一般，但在三毛的笔下，它们身价百倍。

那本书引发了我对家居布置和收藏的兴趣，某种程度上也影响了我的审美。

因为三毛，我喜欢上了古旧的中式家具，现在客厅里就摆着从潘家园淘来的太师椅和烟榻。

每到一地，我总要大街小巷地转悠，搜寻漂亮、道地但又不太贵的工艺品。有一天，我会再写一本书，书名也叫《我的宝贝》。

我会写我在伊拉克首都巴格达的手工艺品街上讨价还价买下的宽大的手镯、12 把银汤勺、两盏镂空银制嵌彩色玻璃石头的宫灯和一枚镶着硕大的孔雀石的戒指。

我会写我在莫斯科阿尔巴特大街买的无名画家的两幅油画。为了这两幅画,我花光了身上所有的钱,还借了 200 美金。价格虽然不菲,但物有所值。我永远都看不厌画家用的红白绿黄蓝,那么活泼明快的色调让他(她)的人物没有了油画常有的阴郁。

还有,我要写我头顶烈日在巨大的莫斯科工艺品市场转了一圈又一圈才买下的金制树叶、狮头。我琢磨着,它们该是沙俄时代钉在大户人家大门上的装饰。

我把其中一部分宝贝摊在了客厅的中式矮柜上。那已经成了客厅里最好看的地方。

除了三毛自己的书,我也买别人写的有关三毛的书(在我这里,享受这种超级作家待遇的还有张爱玲。)有一阵儿,一本揭露所谓"三毛真相"的书很是流行,我也买来看了。那些有关三毛的真真假假都不会令我失望。我喜欢的是文章里的那个三毛,至于生活中的她到底是什么样子,何必去管呢?

我只是感叹,有人迷三毛竟然迷到这种程度,不惜大费周章——采访三毛书中提到的人、去过的地方。这让我自叹不如。

1995 年,我来到西雅图。租房子、买家具,安顿下来后首先去逛的就是著名的 PIKE PLACE MARKET。这个地方还是从三毛的书里知道的。1986 年 5 月,三毛在西雅图 BELLEUVE COMMUNITY COLLEGE 边休养边学习英文,课余时间常常泡在那个有几百家小店铺的自由市场。这段经历被她写进了《闹学记》。

我自己也做了西雅图的居民后,PIKE PLACE MARKET 成了我每天都要光顾的地方,不是去那的星巴克喝杯咖啡,就是去买水果、报纸。这些东西其实住所附近的超市、便利店都有，可我总是舍近求远，宁可走上 10 分钟，也要享受逛市场的乐趣。

差不多过了半年，我对 PIKE PLACE MARKET 里的每一个店铺的位置都已了如指掌。

一个周日的下午，我一个人拿着刚买的蛋筒冰激凌，和大约几千个外地或外国游客挤在一起逛市场里长长一溜卖瓜果、蔬菜、鲜花、海鲜的摊位。PIKE PLACE MARKET 是西雅图著名的旅游景点，一到周末、节假日总是人山人海。

那时已经 6 月份了，天很热，我被各种肤色的人挤得心烦意乱。于是，我把剩下的大半个蛋卷扔进了垃圾桶，往市场的楼梯拐角处走去。我计划下一层楼，逛底层的古玩商店，那里通常比较安静。

我一边下楼一边低头用纸巾擦着被冰激凌弄得粘糊糊的手指，这时，我的余光看到了楼梯角落里隔出的一家小店铺。我的心开始狂跳不已："天哪，这是哈敏的店啊！"

三毛在《我的宝贝》里写了一章"阿富汗人哈敏妻子的项链"。哈敏是三毛在 PIKE PLACE MARKET 认识的小店主，他是阿富汗人，为躲避战乱和养家糊口，独自一人在美国经营一家卖印度服饰的小店。三毛离开美国回台湾之前，哈敏要送给三毛一条项链——他妻子的项链。项链美极了，三毛掏出身上所有的钱买下了它。

平心而论，这篇故事三毛写得很一般。照片上那串项链也看不出令人惊艳的地方：项链是银制的，金属表链似的造型，但比表链宽，上面还坠着十几个 25 美分大小的银币。惟一抢眼的是项链上镶着 6 块浅粉或淡蓝的亮片，配一件黑色低胸晚装会很好看。

因为故事平淡，我逛了快 100 次的 PIKE PLACE MARKET 都没有意识到，藏在楼梯间角落里的就是哈敏的小店。

"哈敏的小店是楼梯间挤出来的一个小角落。""店已经够小了，6个榻榻米那么大还做了一个有如我们中国北方人的炕一样的东西。他呢，不是站着的，永远盘坐在那个地方，上面挂了一批花花绿绿的衣服和丝巾。"这是三毛对小店的描述。

我站在离小店两步远的地方，好奇地向里张望着。哈敏(我想他就是哈敏)正盘坐在床上，他的四周的墙上，门上，到处挂满了沙丽、头巾，五彩缤纷的，看久了让人喘不过气来。

我站在门口一动不动足有5分钟，一直盯着哈敏看。这么长的时间，再没有经营头脑的店家想必也会出来问一声："小姐，你想买点儿什么?"吧。

哈敏还是一动不动。

这下我更肯定他就是三毛笔下的哈敏。

"哈敏不回国办货色，他向一个美国人去批，批自己国家的东西。

"哈敏你不积极!"

"够了。"

"首饰不好看。"

"那是你挑剔呀。"

"这样不能赚钱。"

"可以吃饱就好了啦!"

"永远是这种扯淡似的对话，我觉得哈敏活得有禅味。"

这是三毛在书中的描写。

我当时很想走上去告诉哈敏，那个花了100美金买下他妻子项链的中国女人是个很有名的作家。她在书中也提到了他的小店。可惜，她已经不在了。

但我还是一动不动。

我又站了几分钟，冲哈敏笑笑，转身下楼离开了小店。

他是不是哈敏不重要，哈敏知不知道三毛的事情也不重要。重要的是，在我的整个少年时期，三毛浪迹天涯的故事曾带给我那么多的渴望。

我常常遗憾地想，如果三毛还活着，我一定要交她这个朋友，至少，要做上两期《鲁豫有约》。

瘦并快乐着

· 我一直渴望自己拥有玉树临风、不食人间烟火的淑女气质，可惜，我从小就是个饕餮之徒。

· 我俨然成了减肥专家，随时随地和别人分享减肥心得："饭后站半个小时……"。

"人越瘦越美"是我一生追逐的信条

英文里有一句话：You can never be too rich or too thin. 翻成中文就是：钱越多越好，人越瘦越美。对于前半句话，我的感触不深。我喜欢钱，可是远没有到热衷的程度。只是偶尔站在李嘉诚的角度替他郁闷，因为前面永远有个 Bill Gates（比尔·盖茨）比他有钱。

至于后半句话"人越瘦越美"，却是我一生追逐的信条。

小时候，我胖乎乎的挺可爱。

我的大姑父已经 70 岁了，每次见到我，总是抽着烟，眯缝着眼睛回忆从前的事情："你一生下来，就胖嘟嘟的，可好玩了。邻居们谁见了都恨不得咬你一口！"

每到这时候，我总想象着大人们张着血盆大口在我的脸上、小胳膊上狠命地咬着，那场面极其恐怖。

小学五年，我一直在北京月坛少年之家舞蹈班跳舞。每个周六下午，我一个人拿着月票，从月坛北街坐 15 路公共汽车，到南礼士路下车，过长安街后再步行长长的一段路到西便门，少年之家就在马路边一片简陋的平房里。

我们舞蹈老师姓杜，曾经是专业舞蹈演员。她 30 出头，身材高挑，有一头烫过的短发，走路时挺胸抬头，永远穿合体的瘦裤子。每次杜老师带着我们扶把杆做基本功训练，我都会羡慕地看着她细长的双腿，幻想着有一天，我也会有那么修长的身姿。

杜老师教我们跳的都是成年人的舞蹈：舞剧《丝路花雨》中的独舞《敦煌彩塑》、《小刀会》中的《弓舞》、四个小天鹅等等。那时，我迷上了舞蹈。少年之家的排练室里有不少舞蹈方面的杂志，我常常看得如醉如痴。

当时，我心目中的偶像是杨华、蒋齐、唐敏和冯英。如果我记得不错，杨华跳的是《敦煌彩塑》，蒋齐的代表作是《金色的小鹿》，唐敏和冯英都是出色的芭蕾舞演员。

小学三年级，正赶上解放军艺术学院舞蹈专业招生。杜老师一直希望她的学生中有人能成为专业的舞蹈演员，于是带着我们去军艺考试。

当时，考军艺难于登天。首先，要拿到准考资格。这要求考生必须拥有足够修长的双腿，标准是，女生的腿至少要比上身长 14 厘米。腿长指的是脚后跟上方到臀部下端。

结果，我们少年之家一群女孩子中竟没有一个符合标准。

这次考试使我平生第一次注意到了自己的身材。小孩子很实在，不懂得比上不足比下有余。我一心一意想着那 14 厘米的差距，这让我颇为沮丧。

上了初中，我开始发育，胃口变的出奇的好。

大概是初二那年吧，一天下午放学回家，爸爸正在做晚饭。我连书包都顾不上摘，就冲厨房里大喊："爸，我饿死了！先帮我煎个荷包蛋！"

我爸实在没什么原则，马上就要开饭了，他居然放下手里的菜刀，忙着往锅里打鸡蛋。我呢，就站在煤气炉旁边，用两片方面包夹住荷包蛋，大口往嘴里送。不到 3 分钟就结束了战斗。伸手擦擦嘴，还是觉得意犹未尽，于是又对爸爸说："我还饿，还要一个荷包蛋。"

我那个爸啊，他又毫无原则地递给我一份面包夹鸡蛋，虽然嘴上照例叮嘱着："少吃点吧，晚饭快做好了。"但眼神里分明是长辈对孩子的纵容娇惯。

后来，我总对朋友吹牛说："那天，我一口气吃了7个煎鸡蛋。"可仔细想想，我又有点怀疑自己的记忆，我不可能吃那么多吧。前几天，我专门就此事询问了我爸，他老人家斩钉截铁地说："没错，你吃了7个。"

我一下就急了："你怎么能允许我吃那么多呢?撑着，怎么办?"

"管?"我爸瞪着眼，好像要把我吃了似的。"管得了吗?不给你吃，你也得干那!"

"没错，爸，她就像个小孩似的，只要一饿，立刻就要吃东西，晚一会，少吃一口都不行。"老公在一旁连声附和。

我不说话了。

我一直渴望自己拥有玉树临风、不食人间烟火的淑女气质，可惜，我从小就是个饕餮之徒。

我记得，吃过7个鸡蛋后，整整一个星期，我都感觉胸口憋闷得喘不过气来。我没去医院检查，估计是蛋白质中毒一类的病吧。到了第7天，我跑到楼下的小卖部，买了一瓶北冰洋汽水，咕咚咕咚灌下去，憋闷的感觉立刻荡然无存。

高中我上的是清华附中。学校离家远，我于是过起了住校生活。住在集体宿舍的女孩子通常都有两个爱好：聊天和吃零食。我们宿舍7个人也不例外。

一天，我偶然发现，麦乳精如果不用开水冲泡而是干嚼着吃，味道很像巧克力。这意外的收获令大家很是兴奋，因为麦乳精比巧克力便宜多了。下午放学后，我们 7 个人凑够钱，然后一起去清华大学里的小卖部买了一大桶麦乳精，足有三、四斤重。回到宿舍，谁也不急着往图书馆跑，每个人都拿出自己的勺子，7 双眼睛紧紧地盯住硕大的铁皮桶。

学生时代，每个寝室的室长是很有威望的人。于是，我们的室长在众目睽睽之下，打开了麦乳精桶的桶盖，又小心翼翼地撕开了蒙在桶口处的锡纸，一股浓郁的甜味立刻扑面而来。说时迟那时快，7 把钢勺同时伸进了桶内。

半个小时后，我们风卷残云，吃出了一个亮晶晶、空荡荡的麦乳精桶。

这时，大家都不说话。刚才吃得太快太猛，这会儿，一粒粒的麦乳精好像一直堵到了喉咙口，稍一张嘴，就会喷出来。更可怕的是宿舍的空气，弥漫着甜得呛人的味道，吸一口气就觉得五脏六腑都会被粘住。

我们 7 个人呆呆地站了 10 分钟，突然，屋子里响起了此起彼伏的呻吟声：

"我肚子疼！"

"我觉得恶心！"

"我难受死了！"

大家连滚带爬地躺到了各自的床上，一边痛苦地哼哼唧唧，一边还在坚持聊天。

"刚才忘了看，该不会是麦乳精过期了吧。"

"咱们可能食物中毒了！"关键时刻，一室之长做出了冷静、合理的分析。

"天哪，我吃得最多！我不会被毒死吧？！"我们其余 6 个人几乎是异口同声。

那天晚上，我们谁也没去食堂吃饭，也没去教室上晚自习，7个人一直躺着聊天。10点钟熄灯后还被宿舍楼查房的老师敲了好几次门警告："413，还不睡觉，整个楼道就听你们的声音了。嘻嘻哈哈的，怎么那么大的精神，今天吃什么了？"

第二天一早，我们7个人起床后感觉格外的神清气爽，神秘的疾病已消失的无影无踪。为了庆祝重获健康，大家一起去食堂，饱餐了一顿油饼、稀粥。

只是，从此以后，我们413室多了一条不成文的规定：谁也不准再提麦乳精三个字。

高中三年，我把自己吃得白白胖胖的。高考复习那么累，我都没有瘦下来。连我爸都啧啧称奇："闺女，你考试这么辛苦，怎么就不见瘦呢？"

我自己倒无所谓。看看身边的女同学，高三一年下来，各个灰头土脸的，没有一丝青春年少的风采，我对于身材、相貌也就不那么斤斤计较了。更何况，我还有偶像的支持。当时，我最喜欢的影星是山口百惠。她的厚嘴唇、咪咪眼在我看来都是那么的完美无缺。就连她圆润的胳膊、粗粗的腿对我都是一种安慰。"山口百惠也不瘦啊，我胖一点，又有什么关系呢？"

那个时候，惟一让我觉得有精神压力的是去上海探亲。

每年暑假，我的出现总会让娇小玲珑的上海街坊四邻大为兴奋："侬看格小囡，模子老大，样子交关好。"翻成普通话的意思就是，你看这个小女孩，块头真大，人长得真不错。

天知道，我那会不过是个一脸baby fat，胖乎乎的小女孩而已，被他们大呼小叫地称赞一番，我真觉得自己该痛下决心减肥了。

真正减肥从大四开始

我真正开始减肥是在 1992 年大四寒假过后。

我失恋了，那真是天塌下来的感觉。生活还能不能继续我不知道。我一边复习准备考托福到国外留学，立刻离开北京这个伤心地，一边开始狠命地节食。那股狠劲让我第一次在自己身上看到了所谓的毅力。

现在回忆起广院的食堂，我总是忍不住要流口水，但凭良心讲，当年饭菜的质量实在不敢恭维。我每天不知是在和谁发狠，早餐只吃一个煮鸡蛋。中午永远买又便宜又难吃的豆腐泡炒肉片，而且只吃豆腐泡，肉连碰也不碰，米饭更是数着粒吃。这样做，既省钱又节食，一举两得。

吃过午饭，我也不休息，一个人跑到教室去做托福习题。到下午 4 点左右，我的肚子开始造反，我通常会吃一个水果，再接着做英文作业。晚上是最难熬的，肚子饿得叽里咕噜地，人怎么也睡不着。这样一来，日子倒好过了不少，我每天的精力都花在了托福和饥饿的问题上，心里的伤痛也就淡了许多。为什么开始减肥我不知道。从心理学的角度，这也许是疼痛转移法吧，把心灵的伤痛转移到肉体上，最艰难的时刻也就挺过来了。

两个月之后，我的体重从 110 斤跌到了 90 斤。

从此，瘦，成了我生活中很重要的一件事。

1993 年和 1994 年，是我最不开心的一段时间。吃，成了我那个时期排遣内心苦闷的惟一方法。

花，是我高中同班同学，我当年患难与共的朋友。难得她也正经历着生活中最彷徨、最不如意的时刻，于是我们两个人找到了共同兴趣：吃！

东四十条的必胜客，那两年，我们每周至少光顾一次。两个女孩子，却要点一个厚厚的至尊 Pizza、两份沙拉、两大杯可乐，然后，互相鼓励着，一口一口吃到撑得连站都站不起来。

那一阵，我们两人的体重都在飞快地上升。更可怕的是，我们常常善意地麻痹对方："你不胖，你一点都不胖。来，你再多吃一块 Pizza 吧。"

北京申办 2000 年奥运会，萨马兰奇在蒙特卡罗宣布结果的那个晚上，花从亚太大厦早早下了班，我们一起去长安商场旁边的麦当劳买了两个巨无霸汉堡包、两大份薯条、两大杯奶昔和两个苹果派，然后兴冲冲地来到我家，只等北京获胜的消息传来，就大吃大喝庆贺一番。没想到，萨马兰奇无情地念出了悉尼的名字，我和花都难过地大哭了一场，这其中，也颇有些借题发挥之意。哭过之后，我们将满满一桌的麦当劳快餐消灭得干干净净。

1994 年的夏天到了。夏天总是带给人希望。

有一天晚上，我和花站在赛特山姆叔叔的门口，一人手里捧着一袋葡萄干面包正在话别。我突然对花说："咱们开始锻炼身体减肥吧！"

花看了看手里的面包，说："好！"

第二天，我们去长富宫健身俱乐部报了名，又去西单商场买了两辆一模一样的红色 26 女车，相约每天下午在花下班之后骑车去健身。

我终于发现，我其实是个有毅力的人。

7 月份，北京最热的时候，我每天下午顶着大太阳，汗流浃背地从南礼士路骑车到长富宫。每次走进长富宫的一刻，是最幸福的。外面骄阳似火，而开足了空调的大厅里清凉宜人。从饭店大厅到健身房，要上一层楼梯，再走过一条长长的通道。这往往是我内心最挣扎的时刻：练，还是不练？

俱乐部里有一个日本女士，50多岁，身材瘦小，长得很像《血疑》里幸子的妈妈。这个日本欧巴桑让我佩服得五体投地。

她每天的训练计划是这样的：在跑步机上飞快地跑步一小时，跳健美操一小时，游泳一小时，蒸桑拿一小时，最后倒立20分钟。我帮她算了一下，前后历时5个小时。

每次只要她一走进桑拿室，我一定第一个拿起毛巾落荒而逃。她最爱往滚烫的石头上泼水，总把桑拿室变成受刑的地方。

有时候，我会偷偷地打量她，一方面，希望自己中年以后，也能拥有和她一样的活力；另一方面，又充满困惑：她干吗天天把自己往死里练呢？

困惑归困惑，欧巴桑的精神深深地感染着我。

我和花，两个饕餮之徒。

人瘦了，心情也好了

整整一个夏天，我坚持锻炼，控制饮食，人，慢慢地瘦了，心情也一天天地好了起来。

当然，我和花偶尔还是会经不起诱惑。一旦两人肆无忌惮地大吃了一顿，就会怀着无比悔恨的心情回到长富宫加倍锻炼。

那不是一段愉快的经历，那种对体重近乎锱铢必较的态度是不健康的。可我很怀念那段日子。

从1995年开始，我再没胖过。尤其是1996年加盟凤凰以来，我更是一天比一天瘦。我总对别人说："想减肥吗?来凤凰吧!凤凰的工作量绝对能把胖的拖瘦，瘦的拖得更瘦。"说完才意识到，这分明是当年红军反围剿时对付国民党的策略。

现在，我俨然成了减肥专家，随时随地和别人分享减肥心得：

"你要多吃菜，少吃主食。"

"饭后一定要站半小时，才能坐下。"

"晚上睡觉前3个小时不能再吃东西，实在馋了，就吃水果。"

"冰激凌、奶酪蛋糕可以吃，但一个星期只能吃两次。"

"锻炼很重要，我建议你去练瑜珈。"

……

我的美甲师小平是个丰满可爱的女孩子，却一心一意要减肥。尝试了各种方法都不见效，见到我总是一副羡慕的样子："你怎么又瘦了呢?有什么秘诀吗?"

"很简单，晚上不许吃零食。"我一副好为人师的样子。

"不吃零食啊?"小平面露难色。

"对。而且，吃完饭，先站半个小时。你是不是吃了晚饭就睡觉？"

小平不住地点头。

"以后，吃过晚饭要等 3 个小时才能躺下，记住了吗？"

一个星期后，我又去找小平修指甲，见她果然瘦了，就是脸色不太好，看上去很累的样子。

"鲁豫，我按照你教我的减肥方法去做，瘦是瘦了，可我真坚持不下去了。"小平听起来有气无力的。

"你病了？"

"没有，就是你跟我说的吃完晚饭要站 3 个小时，我站了几天，实在受不了。"小平愁眉苦脸的。

我哈哈哈哈大笑了起来："小平，你太可爱了。饭后站半个小时，不是 3 个小时，你搞错了。"

《鲁豫有约》剧组的主创人员大多是刚刚走出大学校门的女孩子。她们个个年轻漂亮，还有着女孩共同的特点，爱吃零食。见到我，她们常常口齿含混不清地说："鲁豫姐，最近，我又胖了，怎么办那？"边说嘴里边嚼着话梅、巧克力。

"饭后站半个小时……"我总是不厌其烦地向别人推销我的减肥心得。

时间一长，《鲁豫有约》剧组都养成了很好的饭后站立的习惯。

我们每次采访嘉宾都需要一天的时间。中午吃过简单的午餐，嘉宾总是会客气地搬椅子要我们坐下休息。大家看看我，准是在一边晃来晃去，于是也赶忙推开椅子站起来，嘴上客气着："不用麻烦了，我们站一会儿就该干活了。"

嘉宾们总是很感慨，以为碰到了八路军式的摄制组，与群众同甘共苦呢。

　　2001 年年底，因为工作太累，我的体重掉到历史最低点：86斤。我自己都吓了一跳。不少观众发来 E－mail 抗议："鲁豫，你太瘦了，还是胖一点好看。"

　　那一阵，曹景行先生每次见到我，都会用他在《时事开讲》中充满权威性、不容置疑的语气说："你瘦得就剩下一根火柴棍加一个大脑袋了。"

　　我仔细照了照镜子，并没觉得自己瘦得可怕。

　　我终于发现，在内心深处，我永远是童年时那个胖乎乎的小女孩，渴望着拥有修长的双腿。

服 装

• 我当年的、也是一直
以来的着装标准是 sim-
ple and chic（简约而时
尚）。

听家里人说，我小时候很臭美，一穿上新衣服就站在院门口扭来扭去，还不时地用眼睛瞟着四周，希望左邻右舍都能看到。小小的年纪嫉妒心倒挺重，明明觉得隔壁女孩穿上红裙子很漂亮，嘴上就是不认输："你看那个红颜色，是不是很俗气？"身边的大人非得附和两句："就是，哪有你漂亮。"我才高兴。

我是 70 年代的孩子，那时中国成年人的衣着很单调，童装倒是五颜六色的。看我那个时期的照片，走的分明是 Shirley Temple（秀兰·邓波儿）的路线：短短的连衣裙，小皮鞋，人胖乎乎的挺可爱。用现在时装评论员的话说，我当年的着装风格是 simple and chic（简约而时尚）。这也一直是我的穿衣标准。

那一年，牛仔裤恨不得长在了身上

80 年代，Brook Shields（波姬·小丝，阿加西的前妻）为 Calvin Klein 牛仔裤拍过一辑广告，那句著名的广告语听得人热血沸腾："What's between my body and my Calvin Klein jeans? Nothing!"（在我的 CK 牛仔裤和我的身体之间，什么也没有。）

小学三、四年级吧，我有了平生第一条牛仔裤。

那年北京市举办了一次妇女儿童用品展销会，盛况空前。我妈几乎挤破了头才在展销会上给我买到一条蓝色劳动布的裤子，那是国产牛仔裤的雏形。

第一眼，我就爱上了它。窄窄的裤腿，只在裤脚处微微地阔出了喇叭型，前后4个口袋上都细细地匝了几条黄色的线，十分醒目而别致。最新鲜的是，裤子的拉链在正前方，这让我觉得自己一下子成了街上那些和男生混在一起的大胆的中学女生。我兴奋极了。

一直以来，我穿的都是肥大的蓝布长裤。这种裤子，是左边开口的，通常钉着3个纽扣。腰身大小倒是正好，就是从屁股往下的剪裁哪里都不服贴，加上裤腿又肥，穿上这种裤子，从远处一看，肚子、屁股和双腿，哪都是圆滚滚的。

我于是迫不及待地套上牛仔裤，目瞪口呆地看着镜子里的自己，原来，我的腿竟然是细细直直的。

那一天，我在镜子前面左照右照，对自己几乎有了惊艳的感觉。

这以后一年多的时间，牛仔裤恨不得长在了我的身上。我妈老在我屁股后面端着个脸盆催我：

"裤子脏了，该脱下来洗洗了。"

又过了一阵，我长高了，牛仔裤紧绷绷地再也套不上，我才恋恋不舍地和它告别。

自己设计校服

初中，我上的是北京师大附属实验中学（当年俗称150，应念成腰五零）。当年，我们实验的学生很以学校为荣，戴着校徽坐公共汽车的时候，只伸出右手扶栏杆，生怕挡住左边胸口别着的实验中学校徽。

文革以前，实验中学是一所女校（50年代的师大女附中），文革后，才改成了男女生并收的学校，而我所在的班级是当时惟一一个女生班。每天上午课间操时，全校同学在操场集合做广播体操，我们班53个女孩站在那里格外引人注目。

我当时是班上的文娱委员，一有文艺汇演之类的事就忙得不亦乐乎。初二那年"红五月"歌咏比赛，我和班上几个文艺积极分子琢磨着我们班合唱时该穿什么服装。一个同学说："八中有校服，咱们实验都没有，不如我们自己做班服吧！"

这个主意获得了热烈响应。于是几个人分头行动：设计款式、选布料、找厂家、量尺寸。我记得，我们找到的制衣厂在三里河二区工人俱乐部附近，门口的牌子上倒是白底黑字写着×××服装厂，其实就是临街的两三间平房，屋里几架缝纫机，大概是街

北京中古友谊小学舞蹈队。我在前排左3。

北京月坛少年之家
舞蹈队。我是左边
第 2 只小天鹅。

道附属的一个加工组。我和几个同学下午放学后就站在厂门口，摆出一副老成持重的样子，要求见"你们领导"。领导见没见着我不记得了，印象中一个戴蓝色套袖，脖子上挂一条软软的皮尺，眼镜滑到了鼻间的老裁缝接待了我们。一通讨价还价之后，服装厂拿到了一份不小的定单。我们呢，一个星期后，穿上了女生班的班服。如果没记错，每人交了 17 块钱。

1984 年 5 月份，我们初二三班成了全校最出风头的班级。

很可惜，那条裙子早就找不到了，但它的样子我永远记得：长袖、豆绿色、布料是很厚、很挺括的那种，胸前系扣子，腰间系着同一种布料做成的宽宽的腰带。

那年歌咏比赛，我们穿着班服，唱起自己创作的班歌：

"迎着晨曦，挽起伙伴的手，

　我们可爱的姑娘，像那跳跃的浪花，

　欢歌在祖国怀抱中，

啊啊……
彩笔将描绘祖国的未来，
浪花将汇入时代的洪流，
莫辜负青春年华好时光，
努力飞翔吧，
向着明天，
飞翔，飞翔，飞翔！"

那首歌，那条裙子，是我少年时代最美丽的回忆。

高中三年，是我成长过程中最尴尬的一个阶段，我长高了，长胖了，既没有了小时候的可爱，身上又没有一丁点十几岁女孩子应有的清新。我觉得自己整天灰头土脸的，一点儿也不漂亮。当我不自信的时候，也就没有了精益求精的心情。所以，那3年是我在穿衣打扮方面最乏善可陈的时期。

高二开始，外国服装品牌走入中国。

有一天上课间操的时候，我们年级7个班的同学一直在唧唧喳喳地交头接耳，气得领操台上的体育老师对着扩音喇叭直骂："高85级的，你们怎么回事？"

我们吓得不说话了，可眼睛还是不住地往二班一个男生的脚上瞟。因为，他穿了一双价值200元人民币的NIKE鞋。

那真是爆炸性新闻。

1986年的时候，200块是很大一笔钱，NIKE更是一个刚刚听说，但可望不可及的名字。而我们身边竟然有人将那么名贵的鞋，随随便便地穿在脚上，这太让人羡慕了。

从高二到大学，我的时尚梦想就是拥有那样一双NIKE鞋：布面的、低帮、鞋的两侧各有一道淡粉色的SWOOSH（NIKE的标志）。

这个愿望一直没能实现。因为，当我攒够了钱，NIKE 早已不生产这种款式的鞋了。

当年穿不起 NIKE，我也不气馁。碰巧在清华附中附近一个不起眼的鞋店里买到一双棕色方头厚跟皮鞋，喜欢得要命。

我买了穿到学校，在班上的女生中间引起一阵不小的轰动，几天后，我们班女生几乎每人一双棕色"踢死牛"（班上男生起的绰号，挺形象）。眼看自己带动起一阵时尚潮流，我很是得意。

一直到今天，我都喜欢样子笨笨，鞋跟又不太高的鞋。细高跟皮鞋让我觉得不踏实。

2002 年 8 月初，我在香港 GUCCI 店里看中一双小羊皮皮靴，样子美极了，我惟一担心的是鞋跟那么细，会不会折断？女店员觉得我不可理喻，因为他们的鞋是最好的，不可能有问题。

上了大学，广院校园里到处都是青春靓丽的女生，我在穿着上没出过什么风头。还好我那时整天埋头苦读，没功夫和别人争奇斗艳，否则会自卑死的。回想广院时，我做的惟一一件能称得上时尚的事，就是减肥。减肥结果，体重从 110 斤降到 90 多斤，而减肥心得只有两个字：毅力。

真正开始打扮是定居香港之后

真正开始打扮是定居香港之后。我发现，我原来是那种能 SHOP TILL DROP（逛死为止）的人。

有一阵儿，只要有时间，我每天都流连在尖沙咀和金钟的太古广场。买东西成了我辛勤工作之余惟一放松和犒劳自己的方法。可惜，就这么点嗜好后来也再没功夫享受了。1998 年开始，我的事业蒸蒸日上，工作量也大得惊人。别说逛街，连睡觉的时间都不够。大约一年多的时间，我没添置过一件新衣。钱倒是省了不少，可心里却十分郁闷：天底下有钱的和没钱的人很多，但像我这样没时间花钱的人可能不多。

我于是决定改变这种状态，立刻上街买衣服。

那是 8 月初，香港最热的时候，也是最新秋装上市的日子。我随便走进了太古广场的一间女装店，店里早已挂上了毛衣、皮靴一类的秋冬时装。我随手拿起一件深蓝色的短大衣，对着镜子在身上比划了一下，根本没有想试穿的意思。说时迟那时快，忽啦啦围上来四、五个销售小姐，这个帮我穿大衣，那个在旁边啧啧赞叹："好靓啊！买下吧，就像给你定做的一样。"

我尴尬地四下张望，这才发现，我是店里惟一的客人。

怪就怪我那天根本不在购物状态，我不是想买东西，我是在赌气。不是没时间花钱吗？我今天偏要花钱。当然，那几个销售小姐也实在厉害，大衣穿上容易，想脱可就难了。我这人又好面子，几个人围着我团团转了半天，"我不想买"这几个字就怎么也说不出口了。

结果是：一年没买东西，重出江湖不到 10 分钟，我就掏钱买下了一件昂贵的大衣。

我真佩服那几个营业员，她们竟然说服了穿小码衣服的我买下了中码大衣，理由是：大点好看。想知道大衣的下场吗？我勉强穿了一冬天后，就永远地扔进了我家的贮藏室。

女人买衣服的时候，神志总不太清醒，我是这样，我的朋友刘璐也是这样。

女人买衣服时，神志总不太清醒

　　欧元流通之前，刘璐随凤凰卫视《欧洲之旅》摄制组用了近半年时间跑遍了欧洲大陆。临行之前，她拿了根皮尺，在公司给几个要好的女伴量尺寸，量好一个，就在一根细长的毛线绳上打个结。

　　"有了这根绳子，我在欧洲就可以随时帮你们买衣服了。"刘璐边说话边帮我量腰围。

　　几天后，刘璐带着打了很多结的毛线绳、信用卡和计算机上路了。

　　在欧洲，拍摄工作一结束，刘璐就大街小巷地转悠，一间一间服装店去逛。她知道自己算术不好，一看到漂亮衣服又容易冲动，所以不管去哪，掏钱买单之前一定先把当地货币换算成美金，看看是否划算。

　　在欧洲走了 3 个月后，刘璐学会了一些简单的英文、法文，就连西班牙文也能蒙着听懂一两句。语言一通，人的胆子就大了。这时，《欧洲之旅》来到了米兰。满街的名牌店看得刘璐热血沸腾，于是她一头扎进 Celine 专卖店。已经是秋天了，欧洲早晚都有些凉意，刘璐打算买一件毛衣。很巧，Celine 店里就摆着一件，是白色的厚毛线织成的，圆领，从领边到胸口用五彩的线绣满了一圈圈的图案，刘璐一眼就看中了。她先吸了口气，然后捧着毛衣上的价签掰着手指头数起了里拉后边的那些零，数完，再掏出计算器一通乱摁，得出的答案是 230 美金。

　　"挺贵的。"刘璐心里犹豫了一下，转念一想，一趟欧洲走下来挺辛苦的，就连逛商店也是走马观花，看的多，买的少，今天好不容易找到自己喜欢的衣服，虽然贵了些，买了犒劳犒劳自己也是应该的。于是，拿出信用卡，豪气地说："我要了！"

花开两朵，各表一支。这里只说刘璐回到北京后，拿到了信用卡账单，米兰 Celine 店那一行是电脑打印出的几个阿拉伯数字：USD 2,300.00。刘璐几乎晕倒。

去年冬天，刘璐来我家吃饭，就穿了那件价值 2300 美金的名

主持节目。看我手臂上带的手镯，就是我在伊拉克拉希德酒店花高价买下的。

贵毛衣。吃饭时,我比她还当心:"要不要给你个围嘴,别弄脏了毛衣啊,将来可是要传给你孩子的,否则本钱穿不回来!"

关于衣服的记忆,大多是愉快的。不过,也有例外。

1999 年,我随"千禧之旅"摄制组进入伊朗之前,在巴格达买了 4 件绣着金丝银线的阿拉伯长袍。当时我正在逛拉希德酒店里的古玩商店。我看中了一只镶着粉色透明石头的古董手镯,宽宽的金质扣绊上还刻着中国的篆字,我喜欢得不得了。开店的伊拉克老头很狡猾,提了个极高的价钱,我不肯,就每天跑去跟他磨。老头总是笑眯眯的,是个好脾气的人,就是死抠门,怎么都不肯降价。这天,我又在说服他:

"手镯是中国的,你卖给中国人还不便宜点?"

"中国人有钱,你还跟我这个可怜的老人讨价还价不成。"老头子又哭穷了,我赶紧环顾左右找别的话题,突然看到里屋半开着的木门后露出了五彩缤纷的一片。

"对了,我这里有古董伊拉克民族服装,你喜不喜欢?"老头子顺着我的目光望过去,立刻读懂了我的心情。

"我不买,只是看一看。"我轻轻地摸着老头捧在我面前的伊拉克长袍,嘴上很冷静,心里却恨不得立刻掏钱买下。

"手镯的事明天我们再商量,你先买了这几件衣服吧,我算你便宜一点,4 件,100 美金。"

不知是因为老头的声音极具蛊惑力还是那几件长袍实在华美,我迷迷糊糊地放下 100 美金,抱着一堆绫罗绸缎回房间了。

至于手镯,在伊拉克的最后一天,我咬牙忍痛地付出了老头子要的天价。

再说我买下的 4 件衣服,分别是一红一蓝两件长及脚面的斗篷，式样简单，就是一块大大的半圆形的布，只在领口处系了绳子。穿上后很像略带巫气的魔术师。还有两件薄纱质地的拖地长裙，要套头穿，宽宽松松的，胸前飘着的一大块纱可以包住头发，在民风保守的中东地区，这样的服饰既时尚又安全。

正好我们的下一站是伊朗，早就知道女性在当地的公众场合不得露出头发，不能穿显露身体曲线的衣服，我不如就穿这几件长

我的蓝色斗篷。

袍，既入乡随俗，又不至于从头到脚一袭黑纱那么压抑。

一走上德黑兰的街头，我就发现我的回头率几乎是百分之百。我没有飘飘然。我知道，并不是我倾国倾城，而是我的打扮实在怪异。伊朗妇女大都有一张美艳无比的面孔，只可惜，浑身包在一团漆黑的颜色中，看多了就觉得喘不过气来。如今，黑沉沉的

大街上突然站着个头扎淡粉色头巾，身披天蓝大氅的外国女人，难怪伊朗人民多看两眼呢。我知道自己的打扮在宗教风气浓厚的伊朗显得有些疯狂，可我实在无法忍受穿衣打扮都要被别人严加管制。

当我站在德黑兰的街头，宽宽的裙摆被风吹起，我会得意地想："这是我的 fashion statement（时尚宣言），也是我的反抗方式。"

很奇怪，在伊朗的 10 天里，摄制组的女孩子都变得脾气暴躁，我更是像个二踢脚，一点就炸。

一天晚上，大家决定到德黑兰一家中餐馆去打打牙祭。

一走进挂满红灯笼的餐厅，我就兴奋得忘乎所以，一把拽下了包在头上的围巾。同行的几个女孩子看看我，也都扯掉头巾，大家一边落座，一边嘻嘻哈哈地说："在中餐厅，是不是就和在中国使馆一样，咱们可以自由了。"

正说着，一个黑黑瘦瘦的伊朗老头子走过来冲我们叽里咕噜地说了一大堆话。他系着白色的围裙，显然是餐馆的服务员。老头说得很是激动，干枯的手不停地挥动着。突然，他伸出手，一把抽起编导张力搭在椅背上的头巾，劈头盖脸地就往她的头上蒙。我的火噌一下就起来了：

"Don't touch her!"（别碰她）

我的声音之大把所有人都吓了一跳。老头也愣住了，他的双手僵在半空，一动不动地呆了几秒钟，然后放下手里的头巾，脸色和缓了很多，指指围巾，再拍拍头，那意思再明白不过。

我狠狠地盯着老头，一副要吃人的样子。

"You! Leave us alone!"（你，别来烦我们！）我冲老头一挥手，他张张嘴想说什么，然后叹口气走了。

坐在飞往香港的阿联酋航空公司的班机上，我兴奋地扯下头巾，对空中小姐说："帮我拍张照片吧！"

我脸上的表情写满了几个字：不用包头巾，解放了！

　　我一个人又运了半天气，还是重新包上了头巾。

　　离开伊朗回香港，我乘坐的是阿联酋航空公司的班机。一走进机舱，我立刻问笑容可掬的空中小姐："请问，我可以摘头巾吗？"

　　"当然！"

我恶狠狠地拽掉围巾，心里禁不住高喊："解放了！"

现在，这几件五颜六色的衣服还挂在我香港的衣柜里。除了万圣节的化装舞会，我想不出任何可以穿戴它们的场合。

生活中，我算是个中规中矩的人，穿衣打扮喜欢得体而不张扬的风格（在伊朗时的疯狂完全是被环境逼迫而产生的逆反，所谓偶尔露峥嵘，不代表我一贯的表现。）这使我在着装上很少犯错。

不过，错虽然不犯，丑可是出过。

我意识到我的左肩膀已春光乍泄

"千禧之旅"结束后，凤凰在深圳"世界之窗"举办了一台晚会。许戈辉、我、吴小莉等 6 个走过"千禧之旅"的女主持人分别上台讲述了沿途的见闻和感受。当晚，我们都身着亮丽晚装，雍容华贵的形象和旅途中的风尘仆仆形成了鲜明的对比。

我穿的是一件紫红色曳地长裙，领口开得很低，正好包住肩头。那一阵，"千禧之旅"一路劳顿让我瘦了不少，晚装穿在身上松松的，好在裙摆宽大，看不出来，只是肩膀那老要往下掉。

那天，我在台上讲了在巴格达的儿童医院见到的绝望的母亲，讲到了在美军的轰炸中失去 9 个亲人的老妈妈。我讲得非常投入，一只手不时地比划着加重语气。说着说着，我觉得左边肩头的裙袖在慢慢地往下滑，我试着端起肩膀，想把它撑住，可还是无济于事。我意识到，我的左肩已经春光乍泄了。好在只是稍稍露了肩膀，这种尺度我能接受，想必观众也能扛得住吧。

晚会一结束，一直坐在台下的柯蓝跑到后台找我。一见我，她就挤眉弄眼做昏倒状：

"天哪，全国观众都精神崩溃了。我眼看着你的裙子不断地往下掉，我就在心里一个劲地念叨，'往上走，往上走。'可你的香肩还是露了出来。告诉你，你在台上说的什么我一句也没听进去，光注意你的肩膀了。"

文涛正站在一边，一听说我在台上颇为暴露就对柯蓝正色到：

"你看你，鲁豫难得一露，我要是你，就在台下带着大伙一块喊'往下掉，往下掉！'"

从此以后，每回上台前，我都要服装师把我前后左右打量个够，才敢登台亮相。

我 爱 菲 佣

• Nanette 该不是对我四
两拨千斤，不动声色地
改造我的懒惰的毛病吧？

我的朋友说我有菲佣情结，她说得有道理。

1994 年第一次到香港，礼拜天去逛中环，吓了一跳，大街上坐满了人，全部是来自菲律宾、泰国一带的妇女。我以为出了什么事，可看看每个人脸上都欢天喜地，一打听，才知道是每个周末菲佣们例行的聚会，风雨无阻。我一下子就爱上了她们。想想看，人在他乡，做着最琐碎的事，却还能保持这么健康快乐的心态，多么难得。

1996 年初，我加盟凤凰卫视，把家安在了香港。踏踏实实住下来后，我急着找一个钟点工，帮我打扫房间。从理论上讲，我反对好逸恶劳，认为自己的事应该自己做。但实际上，我是个四体不勤、五谷不分的人（丑话既已出口，我也不怕告诉大家了。我高中、大学都住校，只有周末才回家。短短两天时间，却足够我把家里折腾得天翻地覆，然后拍拍屁股走人，留下一个烂摊子让爸爸去头疼。可怜的爸爸，礼拜一开始收拾心情整理房间，一直忙到礼拜五。家里好不容易有些新气象，爸爸又要兴高采烈却也提心吊胆地等着我第二天再回家。）不请工人，我的日子肯定没法过。

虽然对菲佣充满好感，可我总觉得请个本地人比较方便。于是，我雇了曹太。

曹太是香港人，长得很富态，神情中有一种不容置疑的味道。她的神奇之处在于，每次打扫完毕，我家里窗不明几不净，还总像经历了一场浩劫似的。我不妨举些例子：

实例一：一次曹太为了擦窗子，登高作业，结果踩碎我圆桌上的玻璃一大块。

实例二：清洁洗手间，冲厕太过用力，结果水箱流水不止，以致水漫金山。

实例三：清洁厨房，不慎打碎饭碗若干，其中包括我千辛万苦从东京一路捧回来的日本瓷汤碗。

实例四：整理卧室，不慎将电话线从墙上拔出。我不知原因，以为电讯公司不仁，无缘无故终止服务，还三番五次骚扰香港电讯公司。

以上种种，不胜枚举。但曹太的威严，让我总是乖乖地原谅她。不仅不用她赔钱，对她后患无穷的打扫，我还要付出每小时60港币。

也不知曹太有什么魅力，让我对她念念不忘，半年后搬家，我居然还打电话再请曹太出山，却被她拒绝了——她已辞去所有工作在家专心带小孩，做她的师奶。苦命的我，只好开始疯一样地再找钟点工。

正所谓否极泰来。在我焦头烂额之际，朋友给我介绍了Nanette，和曹太相反，Nanette长得纤细，讲话轻柔，一口一个"Yes, Mam"，让我颇为受用。Nanette的好处我就不讲了。总之有了她，我的生活开始新天新地。

但是，人无完人。Nanette也有一个缺点，那就是从不乱扔东西。过期的书报杂志，没用的纸片全都铺平叠好。我好几次鼓励她工作要大胆，该扔的就扔，再一想，也着实难为她。她是菲律宾人，平时和我讲英语，看着满眼的中国字，哪敢乱扔。于是，我改用实际行动启发她。凡是不要的东西，我一股脑堆在地上，上面再扔些揉皱的报纸，撕碎的塑料袋。这一招也不太管用。每一次，Nanette 都细心地扔掉垃圾堆最上面一层垃圾，其余的，又被她整整齐齐地放回书桌。几次下来，我彻底认输，任由家里慢慢变成一个资料库。可时间一长，我又忍无可忍了。你不扔，我扔。不要的东西，我亲自出马，丢到垃圾房。有时想想，Nanette 该不是在对我四两拨千斤，不动声色地改造我的懒惰的毛病吧？

我有一个习惯（说毛病恐怕言重了），衣服哪怕在身上只穿 10 分钟，也算穿过一次，要洗一洗才行。于是，我的床上、椅背上堆满了匆忙换下的衬衫、长裤。Nanette 却认准一点，只有放进洗衣篮和洗衣机的才是要洗的脏衣服。于是，每次回家，我都发现，早上还摊在床上准备第二天再送干洗的长裙不见了踪影，原来又被 Nanette 挂回了衣橱。一开始我还力图纠正她的错误，但她手脚麻利，让我防不胜防。到后来，我被她彻底搞晕，完全分不清哪些衣服没洗过。这下可好，我觉得自己每天都穿着脏衣服。结果，绝对出乎意料，我爸十几年来孜孜不倦要帮我改掉的乱扔衣服的毛病，Nanette 不动声色几个礼拜就帮我纠正了。现在，衣服一换下来，我就主动地扔进洗衣篮。

谁说菲佣只负责打扫？对我而言，她们还是改造人类灵魂的工程师。

除了 Nanette，我还爱上了柯蓝的菲佣 Sasha。

Sasha 二十出头，样子甜美，微笑时两只大眼睛总是羞涩地垂下。在香港多年，Sasha 能烧一手不错的中餐。周末只要我在香港，柯蓝总是要我去她家，让 Sasha 烧饭给我们吃。

我很怕胖，所以平常总是多吃菜、少吃肉，朋友们都说我是兔子。柯蓝是这样对 Sasha 介绍我的：

"鲁豫不太吃肉，她喜欢青菜和豆腐。"

Sasha 很乖，我每次去，她都把自己变成功德林素菜馆的厨师，不是豆腐炒香菇，就是青椒炒土豆。天知道，我只是吃肉比较少而已，但并非一点肉味不沾哪。

柯蓝兴致勃勃地向我汇报："我们家 Sasha 非常喜欢你，老问我'鲁豫什么时候来'。你一来，她就忙着去买豆腐。"

我是最不忍心打击别人积极性的。迄今为止，仍坚持每个周末去柯蓝家吃素。

菲佣们这么可爱，你说说，我怎么能不爱她们？

2000 年情人节，我从北京回香港。一下飞机，我想到春节一个长长的假期，家里既没有人住，也没有打扫，一定乱得不行，于是立即打电话给 Nanette。 和 Nanette 通完话，我开始郁闷："这可是情人节啊。我的第一个电话却是打给菲佣的。"

写到这儿，我家门铃响了。我不多写了，得赶紧去开门。

我亲爱的 Nanette 来了。

我爱厨房

• 想一想，在一个白色绘着浅蓝色小花的精美搪瓷锅里，盛着晶莹饱满的大米和清澈的水，温暖的火苗在锅底轻轻跳跃，那是一幅多美的图画！

三毛的书我几乎倒背如流，对其中的一段印象尤为深刻。三毛留学生活艰辛，常常节衣缩食。回到台湾，一家人围坐在一起吃团圆饭，看着满桌饭菜，三毛崩溃了，"想不到你们吃得那么好!"

在香港7年了，这是我每次回北京和朋友们吃饭的感觉。朋友们则不以为然："至于吗?香港可是美食天堂啊!"

我也知道，问题出在自己身上。我的菲佣Nanette如果一个礼拜不来打扫，那么卧室、书房、客厅和洗手间一定会乱得连脚都插不进。惟独厨房，还会一尘不染，一副不食人间烟火的样子。我不是女权分子，我不拒绝下厨房，实在是除了烧水，我什么也烧不出来。

我的朋友郭滢最喜欢跟别人讲我烧粥的故事。

那是一个周末，我请了郭滢、许戈辉、文涛来我家吃饭。讲得准确些，是请他们来我家吃他们自己烧的饭。对我来说，几个人挤在厨房里忙忙碌碌，完全没有柴米油盐的琐碎，而是在重温儿时过家家的情景。那天的我欢天喜地，忙着拿锅找盆，身上的围裙又系得端端正正，一副出得厅堂，入得厨房的样子。当晚的主厨郭滢因此对我有了信心："你烧锅粥，会吧?!"可那一个吧字还是表现出了他的将信将疑。我平生最痛恨别人质疑我的能力，于是眉头都不皱一下地说："不就是烧粥吗?"

这里说明一下，我是个完美主义者，对我来说，烧粥不仅仅是烧粥那么简单，它还是家居布置，甚至属于美学范畴。想一想，在一个白色绘着浅蓝色小花的精美搪瓷锅里，盛着晶莹饱满的大米和清澈的水，温暖的火苗在锅底轻轻地跳跃着，那是一幅多美的图画！沉浸在这样美妙的想象中，我自己也成了画中人。恍惚间，我把米哗啦一下倒进锅里，再加水，点火，自我感觉动作一气呵成，挥洒自如。

"这么小的锅，你烧粥还是熬药啊?!"电影中主人公抒情时的背景音乐戛然而止。我回过神来，发现郭滢的菜刀举在半空，忧心忡忡地看着我和那口小得可怜的锅。

"换个大锅!"郭滢不容分说地放下菜刀，弯腰从柜子里一堆锅碗瓢盆中，拎出了最大的一口，容量足够八路军老炊事班长给全连战士埋锅造饭的。

只听哗啦一下，这次是美丽图画被打破的声音，小锅里的米和水被无情地倒进了那口难看的大锅里。

我不动声色，但心里是一种不被理解的悲凉。辛苦营造的美景就这样被破坏了，我已无心恋战。于是解下围裙，溜出厨房和许戈辉聊天去了。

接下来的半小时里，厨房的门开开关关，我意兴阑珊，连眼皮都懒得抬一抬。从此以后，我不问厨事，只对厨房保留一份海外游子对故国的感情：远远地心怀浪漫地爱着。

终于吃饭了。几个人围桌而坐，相谈甚欢，这里按下不说。只说洒过三巡，菜过五味，众人对郭大厨说："吃得太撑了，来碗粥吧。"

郭滢面露坏笑："鲁豫烧的那锅粥，被我小锅换大锅不说，还连加3次水，结果还是烧成了一锅饭。别说，米饭烧得真不错，松软可口，谁要来一碗?"

按照拙劣喜剧片的套路，这里该来个定格：所有人大张着嘴，做惊愕状，目光定在我身上，我则露出窘笑，任"剧终"的字幕从我身上滚过。

结 婚 记

· 我们 13 岁相识，18 岁相爱，21 岁分开。

9 年后，我们重又相遇，终于明白，什么都不曾改变。

我们之间没有求婚的过程，因为没有必要。

我甚至觉得办结婚手续都多余。两个人在一起生活，要向别人申请，要盖章，我觉得别扭，而且，极不浪漫。

可是，我们还是要结婚。

那是 2002 年 6 月的一天，我在香港，他在北京，终身大事在长途电话中不到一分钟就定了下来。

我不想惊动太多的人，只把要结婚的事告诉了高雁，她兴奋不已："你们什么时候办婚礼？婚礼内容我早就策划好了。主持人是文涛和许戈辉，地点在中国大饭店，舞台两侧设两块大屏幕，播放社会各界的贺词还有你们俩面对镜头袒露恋爱经过，初步定 20 桌，你们的亲朋好友，同事、广告客户……"

"怎么还有广告客户啊？"

"这么大的活动，起码 200 个来宾，没有广告，费用从哪来？"

我忘了这个茬。

在凤凰，高雁负责所有娱乐类的节目和大型晚会。她要按照电视晚会的标准来操办我的婚礼。

"我还没说完呢。"高雁两眼放光，像是在竞标春节晚会似的，"大厅里要铺上红地毯，你不是喜欢普京在就职典礼上走过长长的红地毯吗？咱们就铺一条比他还长的，你们俩穿着礼服款款地走上舞台。因为是婚礼，就不安排太多的文艺表演了，但歌手要有一、两个。你喜欢谁？"

"Celine Dion。"

"请外国歌手有难度，但通过唱片公司也不是没可能，只是费用太高了，不如考虑F4吧，他们可比 Celine Dion 红多了。"高雁两只手在那儿比比划划，一定是在算出场费。

"唉，你是在办我的婚礼吗?非弄成F4的歌友会不可。我的终身大事，风头不能让别人抢去。"

"对对对，F4一到，场面不好控制。那请谁呢?"

我被高雁煽呼得也开始认真琢磨起婚礼仪式了："请羽泉吧，他们唱的《最美》，我们在车上老听，有纪念意义。"

"好，歌手定了，剩下的就是广告了。"高雁一脸轻松。

"广告好卖吗?"我有些担心。

"当然好卖。"高雁斩钉截铁，"光一个冠名权就能卖好几百万呢。"

"那得挑个好名字，我喜欢名表、首饰什么的，所以最好叫卡地亚、蒂芬尼、百达翡力或者江诗丹顿特约之《鲁豫婚礼》。"我竟然开始对这个空中楼阁心驰神往了。

"你先选个日子吧。"高雁这一提醒，我才想起来，我的婚事，八字还没一撇呢。

"你帮我打听打听，在香港结婚该找谁啊?我们想结婚了，可不知道该怎么结。"我说。

"那你的婚礼办不办哪?"高雁不依不饶，"可不能浪费了我这么好的创意。"

"我得和他商量商量。他特别害羞，一见大场面就晕。"

果然，在电话里一听说又是红地毯又是200人的大场面，他就已经紧张得结结巴巴了：

"那，那我走路一定会顺拐的，不如让我扛台摄像机边走边拍吧?!"

他是摄像，习惯于躲在镜头后面。

"不行！"我对着话筒大叫，"从现在开始，你要练习走红地毯。"

我豁出去了，婚礼看来是躲不过的。既然要办，索性就往大了办，照着奥斯卡的规模。

高雁很快打听到了在香港登记结婚的程序："你们俩带着证件去红棉道婚姻注册中心就行了。"

听起来简单，其实很复杂。

首先，要公证我俩的单身证明，然后，他要办赴港签证。

想想真郁闷，香港回归都5年了，可内地居民过罗湖口岸依然不比去美国容易多少。最简单的方法要算跟旅行团赴港旅游。

中旅的北京—香港线分7天团和14天团，每星期五出发。以往他都跟7天团来看我，这次他选了14天的，然后打当天第101个电话向我汇报进展。

"老婆，都办好了。11月22日到香港。"

2002年11月22日中午，我一做完直播节目《凤凰午间特快》，就急着往家赶。他已经到了。临出化妆室之前，发型师阿Ray随口问了一句：

"今天是星期五了，周末有什么计划？"

"没什么特别的，（只是去结婚而已。）"我咽下了后半句话，可脸还是红了。

气喘吁吁跑回家，老公正聚精会神地看着重播的《午间特快》。

"老婆，今天我们旅行团的人问我来香港看谁，我说看老婆，老婆在电视台工作，他们立刻问，是凤凰卫视吗？"

"他们没问你老婆是谁？"

在伯利恒耶稣诞生地马槽教堂前。

"问了，我没好意思说是你。"

"这有什么，下次别人再问，你就说是小莉呗。"

话还没说完，我的屁股上就挨了一脚："还不快去卸装。"

我认认真真地卸了装，然后和老公在楼下的茶餐厅匆匆吃了紫菜墨鱼河，就坐船直奔中环红棉道。

红棉道礼堂座落在公园中央，而公园夹在鳞次栉比的高楼大厦之间。公园不大，两个人携手逛上一圈用不了 15 分钟，但公园的宁静却让人能立刻忘掉外面的车水马龙。这么说吧，哪怕你在附近的摩天大楼里工作了一天，此刻正一脑门子官司，一走进公园，也会有想结婚的冲动。

公园里有几个想必是来参加婚礼的人，各个脸上都是一副欢天喜地的神情。只有我和老公，手拉手神情肃穆地走着，看上去像是一对被包办婚姻捆住了手脚的不幸男女。其实，我们只是紧张。

我有一个毛病，对于教堂、机关和所有有象征意义的地方都充满敬畏，一旦身处其中常常会有不能控制的奇怪生理反应。有例为证：

1999 年 11 月，我在伯利恒耶稣诞生地马槽教堂里因身体不适，加上被现场荷枪实弹的警卫弄得紧张无比，以至于腹痛难忍，几乎晕倒。

2000 年年底我在纽约，星期日独自一人逛第五大道，路过一间教堂，突然心血来潮，想去参加周日礼拜，靠近上帝。而当悠扬的管风琴声响起，我随众人庄严起立准备咏唱圣诗时，不知中了什么邪，我竟然有一种压抑不住的冲动想要哈哈大笑。我被自己的疯狂吓坏了，急忙以最快速度冲出教堂，然后一个人蹲在路边放声大笑。上帝啊，请宽恕我！

急速冲出教堂，一个人蹲在路边放声大笑。上帝啊，请宽恕我！

扯得似乎有些远了，还是言归正传。

我和老公神情严肃地来到公园中央的一座小楼前。楼前正有一对新人和亲朋好友在拍照。新娘一袭婚纱，所有来宾都是盛装出席。我一下子蒙了，怯生生地拽了拽老公的衣袖：

"来这登记还得穿礼服啊？"

我俩面面相觑，他不敢看他的仔裤，我也不敢看我的短裙。

我们低头穿过欢乐的人群，推门进了小楼，楼里一片安静。

一位和蔼的中年女士接待了我们。

"我们是来登记的。"老公和我异口同声。话一出口我们俩都乐了，因为这象极了电影《小兵张嘎》里的台词。嘎子来到游击队，愣头愣脑地说："我是来参加的。"

"这里是行礼的地方，婚姻登记要去金钟大厦。"工作人员显然没看过《小兵张嘎》，她大概猜想我们要么是幸福坏了，要么是紧张坏了，所以她善良地选择了和我们一起傻笑。

我们 3 个人尴尬地面对面乐了半分钟后，我和他起身告辞。

香港婚姻登记处位于金钟大厦，大约 100 平米的一个大厅，有 20 几个柜台。此时，每个柜台前都坐着人，凝神回答工作人员的提问。屋子的中央有十几排塑料座椅，也都坐满了人，男女老少，各种肤色，像联合国一样。

我先认真阅读了墙上贴着的布告，立刻对这个嘈杂但却秩序井然的地方充满了景仰。这儿恐怕是全香港最重要的地方了，生老病死，婚丧嫁娶，人生的每一个步骤都归这儿管。

我和老公诚惶诚恐地把一大堆资料交给了工作人员：身份证、护照、单身中文证明、单身英文证明……。能想到的我全带来了。

工作人员一边翻看我们的材料，一边指着桌子的日历说："你们先挑个行礼的日期吧。年底快到了，结婚的人特别多，大会堂和红棉道都快排满了，最近的一天是 12 月 31 日，在大会堂，你们要不要？还有一个多月，到时候，你们的结婚申请也就批下来了。"

我必须要解释一下在香港结婚的手续：首先在婚姻登记处登记，然后在结婚申请被批准之日起 3 个月内举行婚礼，超过 3 个月仍未行礼的则需要重新申请。行礼的地点有两处，红棉道和大会堂。新人服装可随意，礼服或便装都行，但必须整洁、得体。观礼人数没有上限，但不得少于两人，因为在结婚证书上需要两位证婚人的签名。

"好啊，"面对穿制服的长官，我从不敢说个不字。可心里直打鼓："还有 1 个月 5 天的时候，办晚会是来不及了。"

我正在犹豫，身后凑过来一对年轻人，手里拿着一叠证件："姆该（劳驾），我们来登记。"

"不好意思，今天的名额已经满了，下周一再来吧！"工作人员彬彬有礼。

青年男女只得扫兴地离开。

原来结婚还有名额限制呢，于是我毫不犹豫地说："12 月 31 日可以。"生怕错过了那天就再也嫁不出去了。

工作人员细心地填好所有表格，指了指桌面上镶着的一块铜牌说："你们两个人谁来宣誓？"

我主动站了起来，并且飞快地扫了一眼铜牌上的字，大意是：我以法律的名义起誓，我所提供的所有资料内容均真实有效。

完全是出于职业习惯，不到两秒钟吧，我就背熟了铜牌上所有的字。然后，我在心里骂了自己一句："有病啊，又不是《凤凰早班车》，用不着说新闻，老老实实照着读吧。"

我好象是在课堂上回答老师的提问一样，站得笔直，一字一句念完宣誓词。

想必工作人员从来没有听过谁如此声情并茂地朗读宣誓词，待我念完，由衷地赞叹到："北京话真是好听。"我颇有成就感地坐下，环顾四周，才发现，刚才还满满当当的大厅此刻只剩下了我们 3 个人。

"好了，一旦你们的结婚申请获得批准，我们会电话通知你们的。别忘了 12 月 31 日准时来行礼。"

面对陪了我们一下午的恩人我不知道怎样报答。我真后悔事先没在口袋里装上几块喜糖，而隔着柜台拥抱政府工作人员似乎也不合适，于是，我和老公就一直傻笑。

"我饿了！"一走出婚姻登记处，我和老公立刻手拉手深情款款地凝望着对方说出了彼此的感受。

我们喜欢的 Dan Ryan's 就在旁边的 Pacific Place（太古广场），于是我俩跑到那吃了有纪念意义的一顿饭。菜谱如下：

恺撒沙拉

Clam Chowder（香港译做：周打靓汤）

烤羊排配薯条

Stuffed Mushroom（炬蟹肉蘑菇）

生啤三扎

咖啡

纽约奶酪蛋糕

我一边抢他的薯条吃，一边自言自语："行礼那天，要有至少两个证婚人，找高雁和郭志成吧。"

高雁和郭志成是夫妇，他俩是我们的朋友、广院校友，也是我的同事。

老公边喝啤酒边点头，我于是立刻打电话给高雁："哎，婚礼晚会你先放放，12 月 31 日你和老郭来做证婚人吧。"

"那我得带照相机和 DV 吧。摄像的事就让郭志成来干了。"高雁的特点是热心、爱张罗、进入角色极快。

5 分钟后，我正想消灭最后一个蘑菇，高雁的电话来了："郭志成听说要重操旧业可紧张了，他说 DV 他玩不好，得借个专业摄像机才行。"忘了介绍，郭志成是北京广播学院 87 电摄的高才生，只是这几年一直负责凤凰在北京的节目制作，早就成了一名出色的管理人才，离摄像专业有点远了。"郭志成还说你们选的日子不错，我们是 12 月 30 日结的婚，如今都迈向 10 周年了。"

挂了电话，我把最后一个蘑菇塞进嘴里，一边嚼一边口齿不清地对老公说："香港人结婚的规矩真是挺奇怪的。从现在开始，今后的 15 天里，咱俩的结婚公告会张榜贴出来，任何人都可以提出反对的意见。你说，不会有人反对吧?"

我的脑海里出现了 George C Scott 主演的电影《Jane Eyer》《简爱》中的情节：罗切斯特和简爱站在神父面前正在行礼，突然，罗切斯特前妻的弟弟冲了进来，大声宣布反对他们的结合。然后，简爱含泪出走。

想到这，我已是热泪盈眶了。

"你看你，放心，全国人民高兴还来不及呢，不会有人反对的。"他轻轻地拍了拍我的脸。

"那，那我得吃块 Cheese 蛋糕。"我破涕为笑。

15 天时间很快就过去了，感谢上帝，没有人反对。

12 月 27 日，离 31 日行礼的日子还有 4 天，老公再次跟旅行团来到香港。他的行李很简单：一套西服、一双皮鞋、一条领带。

这身装束对他来说具有划时代的意义。他从不西服革履的，为

我们之间没有求婚的过程，因为没有必要。

了 31 日这天，他穿上这身行头时不至于笑场，我特别安排了一次彩排。12 月 12 日，《英雄》在人民大会堂举行首映式，他打扮得新郎官似的和我一起去了。

现在万事俱备，只等 31 日的到来。

可是，天有不测风云。29 日晚上，我正在家里做面膜，高雁打来了电话，听起来她垂头丧气的：

"怎么办呐？31 日我和郭志成都去不了了。我得出差，他在北京也有事。"

"没事没事，我再找人。"我嘴里安慰着她，脑子里马上飞快地搜寻着合适的人选，可越想越觉得难办。还有两天就是元旦假期，大部分同事、朋友都将休假，剩下的要来值班。我找谁啊？再说，谁会比高雁和郭志成更合适呢？

我放下电话，愁眉苦脸地坐在沙发上，黑糊糊的死海淤泥在脸上显得更加可怕。

"不如，找咱们家的菲佣吧，叫什么来着？嗷，奶奶特！"我家的菲佣叫 Nanette，老公习惯用北京腔叫她奶奶特。

"找菲佣做证婚人不太合适吧？菲律宾政局又不稳，万一将来兵荒马乱的，我上哪找她去啊？"我用手摸了摸脸上已经干了的死海泥，突然有了灵感，"嘉耀和晓文怎么样？"

嘉耀是我广院的师弟，他和太太晓文在中学的夏令营里相识，从此再未分开。这种纯真而天长地久的爱情故事是我最欣赏的。

我和他之间也是这样。

我们 13 岁相识，18 岁相爱，21 岁分开。

9 年后，我们重又相遇，终于明白，什么都不曾改变。

嘉耀是个少年老成的人，办事严谨有条理，在电话里听到我要结婚的消息，他非常冷静地说："那我们 31 日早上 8：50 分在红磡码头集合，坐 9：00 那一班船去大会堂。"

证婚人找到了，我和老公如释重负。

31 日一早，我 7：00 就起了床。我需要足够的时间来洗澡、喝咖啡，最主要的，我还没决定该穿什么。

8：20，老公起床了，可我还捧着杯咖啡呆站在衣柜前，不知道该挑哪件衣服才好。

老公飞快地洗漱完毕，一边打领带，一边腾出一只手从衣柜里拽出一条高领无袖的咖啡色连衣裙："这条新买的不是挺好的吗？"

我放下了咖啡杯，穿上裙子，在镜子前面左照右照。

好像还不错。

8：45，我和老公衣冠楚楚地走出了家门。他的服装是：黑西装、黑皮鞋、白衬衫和金色的领带。相比之下，我的造型略显简单：没有化妆，头发刚刚洗过，没有吹，只是让它自然风干，所以发梢微微向外翘着，呢制的连衣裙外面是一件浅咖啡色的及膝短大衣，脚上是咖啡色的长靴。虽然打扮不像新娘，但本色的衣着让我觉得舒服、自然。

9：30，我和老公以及嘉耀、晓文就正襟危坐在大会堂的接待室里。靠墙的长椅上已经坐了一家祖孙三代近 10 口人，新郎新娘想必正在化妆间里梳头更衣，所以不见踪影，来观礼的人们则略显拘谨地坐着。最小的孙子被奶奶紧紧地抱在怀里，那个看上去像是一家之主的父亲倒是颇为悠闲，捧着最新款的 SONY DV 大拍特拍。

我突然抓住老公的手，声音中满是绝望："咱们忘了带照相机和 DV。"

老公愣了一下，脸上也露出了不知所措的表情，但他很快就镇定地说："没关系，就是一个简单的仪式而已。再说了，咱们记在心里不是更好吗？"

真是难为他了，和我这个丢三落四又小孩脾气的人生活在一起，他早已被训练成了保育员、辅导员和心理医生。刚才那短短的两句话，一下子就平复了我的情绪。

"陈鲁豫、朱雷！"

一听到我的名字，我蹭一下就站了起来。老公紧跟在我的身后，我们三步并两步几乎是蹿到了工作人员面前。

长条办公桌前并排摆着4把椅子，我俩和嘉耀夫妇小心坐下。工作人员先收走我们的证件，大概是拿去影印，然后把结婚证书放在了我们的面前。与其说是结婚证书，不如叫结婚纸更贴切，因为那庄严的法律文件就是一张纸，和A4复印纸大小一样，上面有香港特区政府标志图案的水印，结婚证书里的内容十分简单，只列出了我俩的姓名、年龄、职业、住址和双方父母的姓名。在证书的最下端，分别有中英文两行小字。中文言简意赅：结婚人和证婚人。英文版则在简洁中透出了神圣：

This marriage was solemnized between × × and × × ×, in the presence of × × and × × ×。直译成中文就是：× × 和× × × 是在× × 和× × × 的见证下庄严成婚的。

我们4个人依次用婚姻登记处提供的黑色圆珠笔签下了名字。

"好，请你们稍等，登记官马上会为你们完婚。"说这话时工作人员脸上满是由衷的微笑，但她的目光在我们4个人的脸上移来移去，好像不知冲谁笑最合适。显然，她没搞清楚到底谁是新郎新娘。因为嘉耀和镜头上一样西服笔挺，而晓文穿着皮夹克，系着围巾，和我一样的随意。也难怪别人分不清到底是谁结婚。

我们又等了几分钟，就被工作人员领进了大厅旁边的一个小礼堂。

礼堂陈设简单：一张长桌，周围5把椅子，想必是给新郎新娘、证婚人以及登记官坐的。果然，我们4个人被安排在桌旁坐下，我和老公一边，嘉耀、晓文另一边，空出的主座自然是给登记官的。礼堂另一侧是观礼席，大概能坐50人。可惜，今天一个观众都没有。

前一天晚上，我和老公给各自父母打了电话。我的电话很简单："爸，明天我和朱雷就去登记了。"

"好。"爸打电话和拍电报一样简短。

放下电话，我呆坐了半天。我知道爸心里也许有很多话想说，可当着我的面，他什么也不会说。我也是一样。

我又看了看那空着的50张椅子，心里倒并不遗憾。爸妈知道我终于拥有了我想要的，这对他们来说就足够了。

我正在胡思乱想，礼堂一边的小门被打开了，刚才接待我们的工作人员走过来将我们的证件放在桌上。我看到自己的身份证搁在最上面，伸手就去拿，被工作人员和蔼但坚决地制止了："现在还不可以。"坐在我对面的晓文扑哧一声笑了出来，我不好意思地吐了吐舌头，心里直埋怨自己，都做了新娘的人了，举手投足一点都不娴静。

"两位新人请熟悉一下宣誓词吧。"工作人员用手指了指桌面上镶嵌的一块铜牌，转身走了。

我又忘记了娴静，身体哗一下地扑上去，脑袋几乎贴在铜牌上，好奇地边看边念出了声："我请在座各位见证，我（新人名字）和你（新人名字）结为合法夫妻。"念完我又哗地转头看着老公："等一下你可千万不能把新人名字这几个字也念出来啊！"

"那，"他刚要说话，被我慌忙挥手打断，因为，登记官进场了。

她是一个斯斯文文的中年女性，中等身材，留着陈方安生式的头发，一套淡粉色西服套裙剪裁合体，面料、款式一看就知道是Chanel，颈间还有一串白色珍珠项链，从头到脚的打扮一丝不苟且不张扬。

"啊，你是陈小姐，我常看你的节目，很高兴能主持你的婚礼。"她客气地说着国语。

我没想到在这里会碰到观众，一时间不知道该说些什么。

登记官抬眼看了看那空无一人的几十把椅子，神情中掠过一丝诧异。我想她从没见过只有5个人的婚礼。

老公先宣誓。

他一从椅子上站起来，我就紧张得不行，他可从来没有当着这么多的人（4个人）发过言啊。

他好像挺镇定，声调平稳，吐字清晰："我请在座各位见证，我和你结为合法夫妻。"

我低着头，拼命忍住笑。这个老公，我不让他说"新人名字"这4个字，他倒好，干脆谁的名字都不说。这还行，这不是钻法律的空子吗。

"朱先生，你要说出你和陈小姐的名字。"

我咬着嘴唇，抬头看老公。他还好，一副若有所思的样子。该不会是太紧张，忘了我们的名字了吧？

再看对面的嘉耀和晓文，两个人脸都憋得通红，还是死扛着不笑出声来。

"我请在座各位见证，"老公旁若无人地念第二遍宣誓词，"我！"他停顿了一下，我在嗓子眼里小声咕哝了一句"朱雷"，也不知他听没听见，反正，他终于说出了他的名字："朱雷，和你……"我又紧张地屏住呼吸，还好，毕竟刚才练了一遍，他熟练多了："陈鲁豫结为夫妻。"

大功告成，我们终于结婚了！

（鄂）新登字 05 号

图书在版编目（CIP）数据

心相约/陈鲁豫

武汉：长江文艺出版社，2003.7

ISBN 7－5354－2547－X/I·1005

Ⅰ . 心⋯

Ⅱ . 陈⋯

Ⅲ . 随笔－作品集－中国－当代

Ⅳ . I267.1

中国版本图书馆 CIP 数据核字（2003）第 054562 号

责任编辑：金丽红　黎波

封面设计：张清工作室

责任校对：李航　齐萱

出版：长江文艺出版社（电话：028－87679301　传真：87679300）

　　　（湖北省武汉市雄楚大街 268 号湖北出版文化城 B 座 9－11 楼）

发行：长江文艺出版社北京图书中心

　　　（电话：010－82845152　传真：82846315）

印刷：北京师范大学印刷厂

开本：889×1194 毫米　1/32　印张：9.75　字数：196 千字

版次：2003 年 7 月第一版　　2003 年 8 月第二次印刷

印数：150001—170000 册　　定价：18.00 元